BIBLIOTECA BÁSICA DE FILOSOFIA

A filosofia, como interrogação fundamental
e primeira, é a preocupação permanente do homem.
Com o intuito de permitir o acesso desta disciplina
a camadas do público cada vez mais largas
esta colecção preenche uma etapa necessária
do conhecimento filosófico.

BIBLIOTECA BÁSICA DE FILOSOFIA

1 – OS PRÉ-SOCRÁTICOS, Jean Brun
2 – KANT, Raymond Vancourt
3 – PIAGET, Guy Cellerier
4 – PLATÃO, Gaston Maire
5 – A FENOMENOLOGIA, Jean-François Lyotard
6 – A FILOSOFIA MEDIEVAL, Edouard Jeauneau
7 – BACHELARD, François Dagognet
8 – TOMÁS DE AQUINO, Joseph Rassam
9 – A FILOSOFIA ANTIGA, Jean-Paul Dumont
10 - ARISTÓTELES, André Cresson
11 – A HISTÓRIA DA LÓGICA, Marcel Boll e Jacques Reinhart
12 – HEGEL, Jacques d'Hondt
14 – DESCARTES, Michel Beyssade
15 - INTRODUÇÃO À PSICANÁLISE - FREUD, Michel Haar
16 – NIETZSCHE, Gilles Deleuze
17 – GALILEU, António Banfi
18 – HUSSERL, Arion L. Kelkel e René Schérer
19 – DURKHEIM, Jean Duvignaud
20 - ESPINOSA E O ESPINOSISMO, Joseph Moreau
21 – HEIDEGGER, Pierre Trotignon
22 - CARNAP E O POSITIVISMO LÓGICO, Alberto Pasquinelli
23 – PROUDHON, Georges Gurvitch
24 – AUGUSTE COMTE, Paul Arbousse Bastide
25 – MAQUIAVEL, Georges Mounin
26 – DAVID HUME, André Vergez
27 – LOCKE, André-Louis Leroy
28 – SARTRE, Sérgio Moravia
29 – O ESTOICISMO, Jean Brun
30 – SÓCRATES, Francesco Adorno
31 – OS SOFISTAS, Gilbert Romeyer-Dherbey
32 – FREUD, Edgar Pesch
33 – KIERKEGAARD, Pierre Mesnard
34 – O EPICURISMO, Jean Brun
35 – A FILOSOFIA ALEMÃ, Maurice Dupuy
36 – WITTGENSTEIN, Aldo G. Gargani
37 – MARX, Giuseppe Bedeschi
38 – A MORAL, Angèle Kremer-Marietti
39 – SCHOPENHAUER, Icilio Vechiotti
40 – O NEOPLATONISMO, Jean Brun
41– KARL POPPER, Jean Baudouin
42 – INTRODUÇÃO A ARISTÓTELES, Giovanni Reale
43 – MAX WEBER, Laurent Fleury
44 – INTRODUÇÃO A JUNG, Paolo Francesco Pieri
45 – FOUCAULT, Gilles Deleuze
46 – INTRODUÇÃO A PLOTINO, Margherita Isnardi Parente

Margherita Isnardi Parente

INTRODUÇÃO A
PLOTINO

edições 70

Título original:
Introduzione a Plotino

© 1984, Gius. Laterza & Figli S.p.a., Roma-Bari

Edição portuguesa negociada
com a Agência Literária Eulama, Roma

Tradução: José Francisco Espadeiro Martins

Revisão da tradução: Artur Morão

Capa de José Manuel Reis

ISBN: 972-44-1259-8

Depósito Legal nº 231999/05

Impressão, paginação e acabamento:
MANUEL A. PACHECO
para
EDIÇÕES 70, LDA.
Setembro de 2005

Todos os direitos reservados para língua portuguesa
por Edições 70

EDIÇÕES 70, Lda.
Rua Luciano Cordeiro, 123 – 1º Esqº - 1069-157 Lisboa / Portugal
Telefs.: 213190240 – Fax: 213190249
e-mail: edi.70@mail.telepac.pt

www.edicoes70.pt

Esta obra está protegida pela lei. Não pode ser reproduzida,
no todo ou em parte, qualquer que seja o modo utilizado,
incluindo fotocópia e xerocópia, sem prévia autorização do Editor.
Qualquer transgressão à lei dos Direitos de Autor será passível
de procedimento judicial.

À memória do P.ᵉ Vincenzo Cilento

Advertência

As referências aos pré-socráticos são extraídas de H. Diels – W. Kranz (= DK), *Die Fragmente der Vorsokratiker*, Zurique – Berlim 1964[11]; as relativas aos estóicos antigos, de H. v. Arnim, *Stoicorum Veterum Fragmenta* (SVF), Leipzig 1902-1905, reimpr. Estugarda 1965. As passagens citadas dos comentadores podem encontrar-se no *corpus* dos *Commentaria in Aristotelem Graeca*, editados pela Academia Prussiana das Ciências. «Real-Encycl.» designa a *Real-Encyclopädia für die Altertumswissenschaft* de Pauly-Wissowa-Kroll. Por fim, com a sigla ZM, referimo-nos por brevidade a E. Zeller – R. Mondolfo, *La filosofia dei Greci nel suo sviluppo storico*, em particular ao vol. III, pág. 111 (*Platone e l'Accademnia antica*, sob a direcção de M. Isnardi Parente), Florença 1974.

As Premissas

1. A Academia antiga e a interpretação de Platão

Quando falamos de neoplatonismo, estamos a utilizar um termo moderno: os neoplatónicos, aqueles que designamos por este nome e que consideramos tais, chamavam-se a si próprios simplesmente «platónicos»([1]). Tinham por objectivo renovar na sua filosofia a autêntica filosofia de Platão, reencontrada após vários séculos de desvios, mal-entendidos, deformações escolásticas. No entanto, sem lhe alterar as linhas fundamentais, acolhiam na sua filosofia uma tradição que, na história do platonismo, remonta muito mais atrás e que, sob certos aspectos, mergulha as suas raízes na própria Academia antiga. Por isso, não podemos enfrentar o problema do pensamento de Plotino – que temos pelo iniciador desta corrente filosófica, juntamente com o seu mestre, Amónio Sacas – sem antes levantarmos o problema da sua preparação remota.

Se o início do nosso discurso gira à volta da Academia antiga, não é pelo facto de termos de ver antecipados nela, em

---

([1]) Cf. Agostinho, *De Civitate Dei*, VIII, 12: «noluerint se dici peripateticos aut academicos, sed platonicos» [não querem ser chamados peripatéticos nem académicos, mas platónicos].

INTRODUÇÃO A PLOTINO

sentido específico, os conteúdos doutrinais do neoplatonismo([2]). É antes pelo facto de que, pela primeira vez, se determina qual será, no seu interior, a atitude que vai surgir constantemente, com conteúdos específicos diferentes em cada caso, na história da escola e da tradição platónica: interpretar e compreender Platão, resolver as dificuldades intrínsecas do texto platónico, descobrir o seu verdadeiro significado para lá da metáfora literária, defender a sua coerência contra as contradições aparentes([3]) ou, em definitivo, extrair um sistema da filosofia de Platão. Por esta operação, por este trabalho de exegese escolástica, há um elevado preço a pagar: a sistematização de um património filosófico variado, rico e múltiplo como é o do diálogo platónico, não pode ser uma operação indolor: arrisca-se a perda do espírito da filosofia de Platão, em benefício de uma estrutura metafísica rígida. Embora fosse porventura um grave prejuízo aos olhos do historiador moderno, não o seria aos olhos do discípulo antigo, preocupado não com a correcta exegese histórica da doutrina do mestre, mas com a explicação de uma verdade objectivamente válida, permanente, coerente consigo própria.

Apesar da profunda transformação dos conteúdos, o espírito de Sócrates não se pode considerar perdido na filosofia de Platão. Efectivamente, esta caracteriza-se por uma série de inter-

---

([2]) Sobre este tema em particular, remeto para a Introdução a Xenócrates-Hermodoro: *Frammenti* («La scuola di Platone», III, colecção de textos dirigida por M. Gigante), Nápoles 1982, sob a orientação de M. Isnardi Parente.

([3]) É a isto que se chama «prestar auxílio», *boethein*; auxílio que não se resume apenas e simplesmente a um auxílio ao discurso escrito, para o explicar em nome de princípios superiores (assim afirmam T. Slezak, *Dialogform und Esoterik. Zur Deutung des platonischen Dialogs Phaidros*, «Museum Helveticum», XXXV [1978] pág. 18-32 e H. J. Krämer, *Platone e i fondamenti della metafisica*, Intr. e trad. de G. Reale, Milão 1982, pág. 41 e ss.), mas também em sentido mais amplo, como demonstra Aristóteles, *De caelo*, I, 9, 279b 32 e ss., onde o «prestar auxílio a si próprio», ou seja, à própria doutrina e à de Platão, quer dizer simplesmente descobrir argumentos que possam reforçar a tese da eternidade do cosmos, apesar do seu aparente nascimento no tempo, como aparece descrito no *Timeu*.

rupções, de reticências, de pausas; é constantemente percorrida por uma veia aporética, por uma sensação de indefinido, numa busca que obriga a uma série de propostas de solução, com respostas sempre parciais e sempre passíveis de revisão. A atitude não só teórica, mas também ética e religiosa que caracteriza Platão é a da máxima délfica «Nada de excessos», ou «Conhece-te a ti próprio», isto é, conhece os teus limites: Platão está profundamente consciente da necessária limitação de todo o esforço filosófico, foge da tentação ambiciosa do esgotamento. Aqui reside a razão profunda da sua preferência, ainda socrática, pela palavra viva e móvel da linguagem falada, confrontada com a rigidez da palavra escrita, e da sua escolha de uma forma de escrita que, de certa forma, procura imitar a mobilidade da palavra, ou seja, o diálogo[4]. Na Academia, porém, semelhante atitude termina com Platão. E quando, mais tarde, Arcesilau procurará renová-la, inaugurando em nome de Sócrates e de Platão socrático uma nova fase da vida da Escola, ficará patente o carácter rígido e forçado da aporia platónica na céptica «suspensão do juízo»[5].

Não possuímos qualquer obra dos sucessores imediatos de Platão, os filósofos da Academia antiga; e aquilo a que chamamos os seus «fragmentos» não passa, na realidade, de testemu-

---

[4] A interpretação sistemática de Platão, que vê no diálogo uma escrita literária e, por detrás das reticências dos diálogos, outras tantas alusões a um sistema ensinado apenas oralmente por Platão, é hoje defendida pelos especialistas de Tubinga, H. J. Krämer (a partir de *Arete bei Platon und Aristoteles*, Heidelberga 1959, até ao recente *Platone e i fondamenti della metafisica*, onde podemos também encontrar uma razoável bibliografia das obras de Krämer, sob a orientação de G. Reale) e K. Gaiser (*Platons ungeschriebene Lehre*, Estugarda 1963, 1968²). Esta interpretação não é partilhada pela autora; para uma tomada de posição, que, por outro lado, exige hoje novas especificações baseadas numa literatura crítica dos últimos anos, remeto para E. Zeller – R. Mondolfo, *La filosofia dei Greci nel suo sviluppo storico*, II, 3: *Platone e l'Accademia antica*, sob a orientação de M. Isnardi Parente, Florença, 1974, em part. pág. 109-31, 729-51; *Filosofia e Politica nelle lettere di Platone*, Nápoles 1970, pág. 164-7.

[5] Sobre Arcesilau no que se refere a Sócrates, cf. Cícero, *Acad.* I, 12, 44--45.

INTRODUÇÃO A PLOTINO

nhos relacionados com eles. Excepto o testemunho contemporâneo de Aristóteles, quase todos os outros são bastante tardios, e quase todos eles indirectos, visto que, já na antiguidade tardia, eram pouquíssimas as suas obras que ainda sobreviviam: quando muito, talvez algumas que se destinavam a uma mais ampla difusão e que não continham a parte mais estritamente teorética das suas doutrinas(6). Quanto a Aristóteles, é certamente um testemunho precioso, mas infiel. De facto, na primeira parte da sua carreira filosófica, isto é, durante os anos em que fez parte da escola de Platão, Aristóteles participou no trabalho de exegese e de esclarecimento do património filosófico platónico, pelo que a sua interpretação de Platão e dos académicos não pode deixar de apresentar vestígios disso. O que o relaciona com os outros académicos é a convicção de que, do diálogo platónico e talvez também do magistério directo de Platão na escola, se pode extrair uma doutrina rígida: com frequência, temos a impressão de que Aristóteles não está a avaliar e a criticar a filosofia platónica considerada em si mesma, tal como a conhecemos através da expressão directa do próprio Platão no diálogo, mas sim os corolários e as formulações exegéticas que discípulos, como o ortodoxo Xenócrates, se empenham em extrair da filosofia de Platão, no seu esforço por lhe conferir uma ordem sistemática(7). Por isso, às vezes,

---

(6) Provavelmente, o incêndio que destruiu largamente Atenas durante o cerco de Sula, em 86 a. C., foi responsável pela perda das obras dos Académicos. Ao que parece, durante a antiguidade tardia ainda se lia o pequeno tratado de Espeusipo, *Sobre os números pitagóricos*, citado verbalmente pelo pseudo-Jâmblico (fr. 4 Lang = 122 Isnardi Parente); de Xenócrates, talvez a *Vida de Platão*, de que possuímos uma citação literal em Simplício (fr. 53 Heinze = fr. 264-266 Isnardi Parente).

(7) Cf., por exemplo, a forma como Xenócrates procura adaptar a filosofia de Platão à teoria da tripartição em física ou teoria da «Natureza» (sensível e inteligível), lógica ou «teoria do discurso» e ética (fr. 1 H. = 82 I. P.); ou como procura extrair do *Timeu* e da presença nele de cinco figuras geométricas a doutrina do «quinto elemento» (fr. 53 H. = 264-266 I.P.). Sobre as intenções ortodoxas de Xenócrates, que, aliás, faz pensar numa combinação de Platão com Espeusipo, cf. H. Cherniss, *The Riddle of the Early Academy*, Berkeley 1945, Nova Iorque 1962², pág. 46 e ss.

torna-se difícil separar, no testemunho de Aristóteles, o pensamento autêntico de Platão do pensamento dos académicos seus exegetas: e, quando Aristóteles nos fala da doutrina dos princípios ou das ideias números – temas a que voltaremos em breve mais aprofundadamente – atribuindo-os ao próprio Platão, é legítimo perguntar até que ponto o seu testemunho diz respeito directamente a Platão, ou até que ponto diz respeito a uma exegese de escola, que outra coisa não é senão uma primeira forma de platonismo.

Além disso, apercebemo-nos frequentemente de que Aristóteles tende a sobrepor categorias filosóficas suas às de Platão, com uma atitude aliás idêntica à que assumiu a propósito dos pré-socráticos[8]. Não podemos acreditar, por exemplo, que Platão tenha reconhecido no seio das próprias ideias um princípio formal, que é a unidade, e um princípio material, que é o binómio grande-pequeno, índice de flutuação extensiva, como afirma Aristóteles num passo da *Metafísica* (I, 987b 20-21); «forma e matéria» é um binómio típico da filosofia, mesmo anteriormente a Aristóteles, absolutamente estranho à filosofia de Platão; e a expressão «grande-pequeno» é provavelmente um eco impreciso da expressão «mais-menos», utilizada por Platão no *Filebo* para indicar o indefinido enquanto flutuação quantitativa e desmesura[9]. Analogamente, do passo (210a 1-2) que, na *Física*, Aristóteles dedica ao *Timeu*, estamos autorizados a inferir, ainda que não possuíssemos o próprio *Timeu*, que Platão defendera já a teoria da matéria em sentido aristotélico, uma vez que Aristóteles lhe atribui uma certa teoria da *hýle*, na realidade absolutamente estranha a Platão: no *Timeu* de Platão, encontramos, pelo contrário, uma certa teoria da *chóra* ou

---

[8] Cf. a propósito H. Cherniss, *Aristotle's Criticism of Presocratic Philosophy*, Baltimore 1935, Nova Iorque 1961[2]; *Aristotle's Criticism of Plato and the Academy*, Baltimore 1944, Nova Iorque 1962[2]. Cherniss foi o mais rígido apoiante da tese segundo a qual Aristóteles operou sobre o pensamento dos predecessores uma deformação radical.

[9] *Filebo* 24b e ss. Na expressão do *Filebo* está explícito um significado comparativo (excesso-defeito) que, pelo contrário, falta na expressão de Aristóteles.

«lugar-espaço», como sede primitiva em que se reflectem as imagens do mundo sensível, que nada tem a ver com a matéria em sentido específico (a *chóra* não é, efectivamente, um substrato concreto e parte componente das substâncias corpóreas, como é, pelo contrário, a *hýle* aristotélica). Por conseguinte, o testemunho de Aristóteles deve aceitar-se com muitas cautelas: quando possuímos os escritos a que Aristóteles se refere explicitamente, como o *Fédon* ou o *Timeu*, será necessário, de vez em quando, efectuar um confronto rigoroso com eles; e, nesta base, orientar-nos nos casos mais problemáticos, em que Aristóteles parece referir-se às doutrinas de Platão não contidas nos diálogos; isto para não corrermos o risco de pôr de lado o Platão que conhecemos directamente, em troca de um Platão hipotético, recebido através do filtro da interpretação da escola ou do próprio Aristóteles.

2. *Doutrina das ideias e doutrina dos princípios*

Numa passagem da obra juvenil *As Ideias*, mais tarde retomada na *Metafísica*([10]), Aristóteles adverte-nos de que para os académicos – entre os quais, mediante a utilização da primeira pessoa do plural, parece ainda colocar-se – a doutrina dos princípios já se tinha tornado mais importante do que a doutrina das ideias. Por isso, se as duas doutrinas, à luz de uma análise, resultassem incompatíveis, deveria preferir-se, sem mais, a doutrina dos princípios e abandonar a das ideias, fonte apenas de dificuldades insolúveis. Pelo mesmo Aristóteles sabemos que o principal defensor deste ponto de vista, entre os filósofos da Academia antiga, foi o sucessor de Platão no escolarcado, o seu sobrinho Espeusipo; e, no âmbito de uma caracterização da Academia como escola, não deixa de ter algum significado o facto de uma doutrina tão importante e central da filosofia do

---

([10]) *Metaf.* I, 990b, III, 1078b-1079a. Sobre toda esta questão, cf. W. Leszl – D. Harlfinger, *Il «De ideis» di Aristotele e la teoria platonica delle idee*, Florença 1975.

mestre ter sido refutada por um discípulo orientado por Platão e primeiro escolarca depois dele([11]). No entanto, importa, primeiro, perguntar o que entendiam exactamente os académicos por doutrina dos princípios e qual o ponto de partida que poderia oferecer a filosofia de Platão para o desenvolvimento desta doutrina, por eles considerada de importância fundamental.

É verdade que a palavra *archaí*, os princípios, não é utilizada por Aristóteles só a propósito de Platão ou da Academia. Devia ser um termo bastante genérico, pois toda a reconstrução histórica das doutrinas antigas que serve de introdução à *Metafísica* incide no problema dos «princípios»; foi tomado em consideração, conforme os casos, pelos filósofos «naturalistas», pelos pitagóricos, por Platão e pela sua escola. «Princípios» são os elementos primários e simples, aos quais o todo pode ser reduzido: o próprio Aristóteles nos adverte de que a palavra «princípio» (*arché*), indicando a simples realidade da qual tudo deriva, e a palavra «elemento» (*stoicheion*), indicando a realidade simples infinitésima em cuja base tudo é composto, se utilizam ainda por vezes indiferentemente e são intercambiáveis([12]). Surgirão justamente algumas aporias da *Metafísica* com o objectivo de censurar aos académicos a falta de um esclarecimento de fundo: ao apoiarem a teoria dos princípios, Platão e os seus oscilam, segundo Aristóteles, entre uma concepção destes como géneros supremos (universais) e uma concepção dos mesmos como elementos primeiros (espécies ínfimas, ou mesmo individuais); ou seja, entre uma concepção de tipo derivacionista e outra de tipo elementarista ou construtivista([13]).

Seja como for que se entendam os princípios, eles são os momentos absolutamente simples que constituem as condições

---

([11]) Remeto para a Introdução de Espeusipo: *Frammenti*, «La scuola di Platone», sob a orientação de Isnardi Parente, Nápoles 1980.

([12]) *Metaf.* I, 983b 11, e noutros passos; *De an.* 404b 25; a distinção exacta entre «princípios» e «elementos» será feita na época helenística (cf. SVF II, 299 [por Diógenes Laércio, *Vitae Philosophorum*, VII, 134]).

([13]) *Metaf.* III, 3, 998a-999a.

primeiras do real e que o tornam possível. Cingindo-nos ao diálogo platónico, poderemos conjecturar que «princípios», para Platão, são as próprias ideias: a ideia é concebida por ele como uma unidade absoluta respeitante ao múltiplo sensível que a ela se refere, e é concebida como uma realidade absolutamente simples respeitante ao sensível composto e perecível[14]. Aristóteles, no entanto, nada disto nos diz na sua polémica apresentação da doutrina das ideias e, ao invés, atribui a Platão uma teoria segundo a qual as ideias já não se colocariam, como nos diálogos, como ponto de chegada último na hierarquia do ser – «essência que verdadeiramente é», essência simples, desprovida de *génesis* ou devir, quanto ao seu modelo perfeito – mas seriam derivadas, por sua vez, dos dois princípios superiores a elas, a saber, o Uno, princípio primeiro, fonte da racionalidade, e um segundo princípio contraposto a este. Deste segundo princípio Platão e os académicos teriam apresentado uma definição conceptual diversa, pondo em relevo, conforme os casos, o seu carácter de flutuação quantitativa, multiplicidade, indefinição, desigualdade; um extenso passo da *Metafísica* (1087b 4 e ss.) oferece-nos um panorama bastante variado das posições académicas a este propósito. Sejam quais forem os diversos modos de conceber e caracterizar o segundo princípio, Platão e os académicos defenderam uma teoria dualista de tipo pitagorizante, considerando como fundamento da realidade a oposição dos dois momentos primeiros: por um lado, o momento unificador do todo, por outro, o momento da divisão, dispersão, multiplicidade indefinida: o limite e o ilimitado da oposição pitagórica, modificados na forma da unidade e do princípio que se lhe opõe, que Platão – sempre segundo Aristóteles – teria exposto em forma diádica, como o binómio «grande-pequeno»[15].

---

[14] Sobre as ideias como «unidades» absolutas, cf. *Phileb.* 15a; quanto às ideias como absolutamente simples e não compostas, *Phaedo*, 78c; *Phileb.* 59c.

[15] Sobre o comentário ao passo da *Metafísica*, remeto para Xenócrates-Hermodoro. *Frammenti*, pág. 330 e ss.

As Premissas

Se esta é a interpretação de Platão proposta pela primeira Academia, é necessário advertir que a parte da doutrina de Platão desenvolvida entre os discípulos é a temática dos diálogos tardios: *Parménides*, *Filebo*, *Timeu*, algumas ideias do *Político*. Em *Parménides*, a temática do uno-muitos é central; mas Platão estudava as suas múltiplas implicações prescindindo do problema das ideias; ao enfrentar esta temática sob o aspecto lógico-ontológico, não tinha decerto a intenção de apresentar a unidade e a multiplicidade juntamente com os princípios metafísicos dos quais teriam derivado as ideias. Em *Filebo*, tinha adoptado uma terminologia de empréstimo pitagórico, para estudar a relação entre a ordem ideal, que é mistura e identidade, e aquela flutuação indefinida entre excesso e defeito, na qual consiste a desmesura, designando um como aspecto limite, *péras*, o outro como ilimitado, *ápeiron*; mas no *Político* tentara dar maior precisão a este segundo conceito, afirmando que não se põe apenas o problema da relação entre a medida ideal, por um lado, a grandeza e a pequenez, por outro, mas também o de uma relação recíproca interna entre a grandeza e a pequenez. E no *Timeu* tinha-se levantado sob outro aspecto – o aspecto cosmogónico – e, através dos véus da alegoria, o problema da ordenação do todo; procurara também introduzir o conceito de um «lugar» ou «recipiente», adequado a acolher em si o reflexo da ordem ideal, que se actualiza na forma de uma ordenação matemática, segundo figuras geométricas elementares[16]. Mediante estas etapas, emergia uma nova figura, inicialmente ignorada por Platão: a da realidade última e constitutiva do sensível, considerado agora em si próprio e não apenas, como nos diálogos precedentes, enquanto pura cópia da ordem ideal, ou seja, em forma negativa e indirecta. Assim se esclarecia a busca da essência específica da realidade sensível, concretizada na desmesura e na relação interna entre os extremos em sentido oposto, num desnível

---

[16] Sobre este assunto, cf. ZM II, 3, pág. 55-75, a propósito da interpretação desta doutrina (*Tim.* 49a e ss.) na história da crítica; a propósito da interpretação da relação entre *chora* e *ápeiron* (indefinido), *ibidem*, pág. 14-8.

INTRODUÇÃO A PLOTINO

fundamental; a atenção estendia-se à caracterização de um «lugar» próprio da realidade sensível enquanto tal, opaco e amorfo, para lá daquele ordenamento racional que é reflexo do modelo ideal.

Tudo isto representa, certamente, um índice da emergência, no seio da filosofia de Platão, de uma exigência dualista que teria podido levá-lo até muito perto de uma posição do género da representada pela teoria pitagórica das *systoichíai*, as duas séries contrapostas de realidades negativas e positivas, das quais Aristóteles nos dá notícias – séries cujos termos iniciais são exactamente «limite» e «ilimitado»([17]). Mas não nos consta que Platão tenha dado o passo decisivo neste sentido; um passo que teria transformado em sistema rigoroso a sua filosofia e introduzido um rigoroso esquematismo no lugar da aporia. Até aos diálogos mais tardios, Platão parece ter-se mantido sempre fiel à doutrina das ideias: o que significa continuar a defender uma perspectiva pluralista, para lá da qual não se coloca qualquer unidade suprema transcendente (pelo contrário, na primeira hipótese do *Parménides*, esta é explicitamente negada: ela seria um inefável, não teria sequer um nome, e sabemos pela *VII Epístola* que o nome é a primeira forma de cognoscibilidade e de comunicabilidade para toda a realidade que se apresentar)([18]). A dialéctica uno-muitos, portanto, pode ser tratada por Platão independentemente do problema das ideias, na condição de que seja descarnada, reduzindo-a ao seu puro esquematismo lógico; a atestá-lo, aí estão os jogos dialécticos da segunda parte do *Parménides*. Se voltarmos, porém, a colocá-la no plano puramente ontológico, não pode deixar de se inserir na moldura considerada imprescindível por Platão: isto é, resolve-se no contraste entre a unidade da ideia e a dispersiva multiplicidade do sensível. Em cada um dos sectores do real que se reportam a um modelo ideal, volta a actuar e a repetir-se o contraste entre o princípio unitário e unificador – a ideia que

---

([17]) Metaf. I, 986a; cf. M. Timpanaro Cardini, *I Pitagorici, testimonianze e frammenti*, Florença 1958-1964, III, pág. 76-86 (e *Aristotele e i Pitagorici, ibidem*, pág. 3-26).

([18]) Cf. *Parm.* 142a, e pelo contrário *Epist.* VI, 342b.

é modelo racional, ordem, medida – e uma multiplicidade indefinida, flutuando entre o excesso e o defeito, que tem nela a sua norma e, portanto, o seu critério ideal de estabilidade. A exigência do «reconduzir à unidade» que Platão exprime no decurso dos seus diálogos, até ao mais tardio de todos, as *Leis* (XII, 965b, 9), não nos parece enveredar por uma tentativa de unificação suprema do todo ou pela recondução da realidade metafísica no seu conjunto a um princípio único: primária na filosofia de Platão é a função transcendente do modelo perfeito, da norma ideal, do valor, frente à desmesura e à dispersão do real empírico; são estes os valores paradigmáticos que dominam o horizonte da sua filosofia, constituindo os seus princípios autênticos([19]).

Se o problema do sensível, nos diálogos da maturidade até à *República*, é em certo sentido escamoteado, apresentando-se este Platão só e apenas de forma indirecta, nos diálogos mais tardios esse problema surge, já o vimos, com uma expressividade nova; a realidade já não se retoma em termos de ideia e de sensível, ordenado e tornado inteligível pela participação na ideia, mas emergem outras caracterizações tendentes a captar a realidade do sensível por si mesmo, para lá da participação na ordem ideal. Os académicos que, como Espeusipo, hão-de sentir de modo mais intenso a exigência de desenvolvimento deste novo caminho, não sem um sensível contributo da influência pitagórica, refutarão como inútil a própria hipótese das ideias. Com Xenócrates, o terceiro escolarca da Academia, que passa por ter sido o mais fiel discípulo de Platão, nascerá, pelo

---

([19]) Quanto à exegese do «Bem acima do ser» de *Resp.* VI, 509a–b, concordo, ao contrário da interpretação de Krämer (*Epekeina tes ousias. Zu Platon, Politeia 509b*, «Archiv f. Geschichte d. Philosophie», LI [1969], pág. 1-30), com a interpretação, em termos axiológicos e não metafísicos, de K. v. Fritz, *Die philosophische Stelle im Siebten Platonsbrief und die Frage der «esoterischen» Philosophie Platons*, «Phron.», XI (1966), pág. 117-53, in part. 150 e ss. (cf. também, do mesmo v. Fritz, *Zur Frage der «esoterischen» Philosophie Platons*, «Archiv. f. Gesch. d. Philos.». XLIX [1967], pág. 255--68; ambos os escritos hoje no *Schriften zur Griechischen Logik, I*, Estugarda 1978).

INTRODUÇÃO A PLOTINO

contrário, um platonismo tendente a assumir aspectos de orto-doxia, mesmo se esta ortodoxia vier, mais tarde, a ser traída na sua substância. Podemos tentar reconstruir, em maior ou menor medida, o pensamento de Xenócrates da seguinte forma: se as ideias são muitas, aplicável cada uma delas a uma série de entidades sensíveis como seu modelo e, ao mesmo tempo, se cada ideia representa uma unidade suprema no tocante ao múltiplo que a ela se reporta, significa que a unidade e a multiplicidade farão parte da natureza da ideia: ou seja, a ideia participa do uno e do múltiplo, tal como os sensíveis participam da essência das ideias; e, por conseguinte, unidade e multipli-cidade são transcendentes às próprias ideias. Mais além das ideias surgem, portanto, dois princípios absolutamente primá-rios, simples e transcendentes, o primeiro dos quais, o Uno, representa o modelo supremo da racionalidade, e o outro é a primeira multiplicidade ou o primeiro indefinido; para o desig-nar, Xenócrates retoma o termo «díade», se não de Platão, pelo menos da tradição pitagórica[20].

É destes dois princípios supremos que tudo deriva; ideias, formas geométricas (as que o *Timeu* estabelecia como o próprio fundamento da ordenação do real), realidades sensíveis. Nascia assim um sistema novo, englobando em si as ideias, mas de tal forma que lhes retirava o significado mais autêntico que pos-suíam na teoria platónica, o dos valores e das normas: elas, de facto, como veremos dentro em pouco, eram reduzidas por Xenócrates ao seu puro esquema quantitativo, perdendo o seu significado axiológico, de valor e perfeição qualitativa. Era, porém, uma operação que parecia conferir ao pensamento de Platão unidade e coerência, consolidando-o em bases mais sólidas. Segundo o que podemos extrair dos testemunhos, Xenócrates costumava atribuir ao mestre tudo o que conside-rava estar, embora apenas implícito, nos seus ensinamentos. Afirmava que Platão, pelo menos «virtualmente», tinha já

---

[20] Aristóteles parece reservar a Platão a expressão «grande-pequeno»; o autor que se recusa a utilizar a expressão «desigual», *Metaf.* 1087b 27 foi identificado com Xenócrates. Provavelmente, é uma expressão sua a «díade indefinida»; cf., porém, mais adiante, nota 28.

20

operado uma subdivisão da filosofia em três partes (uma teo-rética ou lógica, uma física, isto é, relacionada com a natureza objectiva das coisas, *phýsis*, e uma ética), idêntica à que ele próprio, com efeito, propunha na sua intenção de sistemati-zação; baseando-se na presença de uma quinta figura, o dode-caedro, no *Timeu* de Platão, não hesitava em atribuir ao próprio Platão a teoria do quinto elemento, contra a letra explícita do próprio *Timeu*; deste mesmo diálogo, em que Platão afirmara não desejar oferecer nada mais a não ser um «discurso prová-vel» acerca da realidade do cosmos, esforçava-se por dar uma versão científica, diluindo a alegorese em rígidas verdades teó-ricas e atribuindo a Platão intenções didácticas e figurativas[21]. Não admira que se tenha comportado desta maneira a respeito das relações entre ideias e «princípios»; jamais será possível saber se o fez baseando-se em aporias adiantadas pelo próprio Platão no âmbito dos ensinamentos académicos e não vertidos para o papel (Platão projectou também diálogos que não che-gou a escrever, como por exemplo o *Filósofo*, que deveria concluir a trilogia *Sofista-Político*). De qualquer maneira, este modo xenocrático de levantar a questão não deixou de influen-ciar Aristóteles.

Aristóteles e Xenócrates, mais tarde inimigos acérrimos, ti-veram efectivamente uma formação comum; ambos deixaram a escola, no início do escolarcado de Espeusipo, para se instala-rem junto de Hérmias, senhor de Atarneu, onde já os académicos Erasto e Corisco tinham fundado uma confraria platónica. O Platão ali ensinado por Xenócrates era, certamente, um Platão «xenocrático»: o Platão de um discípulo ortodoxo nas suas in-tenções, empenhado em defender o mestre contra as acusações de incongruências e de contradições, e a oferecer-lhe uma *boétheia*, um auxílio, nos pontos difíceis ou duvidosos da sua teoria, rectificando, explicando, explicitando. A fidelidade ao mestre explica-se, nas escolas antigas, de uma forma para nós estranha: continuando o ensino do mestre no seu próprio en-sino. Convém não esquecer que a Academia antiga sofria ainda

---

[21] Cf. fr. 54 H. = 153 I. P.; e acima, nota 7.

INTRODUÇÃO A PLOTINO

uma forte influência do pitagorismo e que, na escola pitagórica, a atribuição ao mestre tinha sido e ainda era um dogma constante: por este motivo, sob o nome de «Pitágoras» encontra-se um vastíssimo material doxográfico, que inclui não só teorias dos pitagóricos do século V ou IV a. C., já conhecidos de Sócrates e de Platão, mas também teorias platonizantes dos neopitagóricos tardios; ou ainda, o que para nós é, neste momento, particularmente interessante, teorias dos académicos, em particular de Xenócrates, que eles gostavam de revestir não só com a autoridade de Platão, mas também de Pitágoras[22].

3. Os «sistemas» dos primeiros platónicos

Podemos assim começar a interrogar-nos sobre quais os motivos oriundos da Academia antiga que se irão manter constantes na história do platonismo. Embora seja conveniente não forçar demasiado as analogias entre o primeiro platonismo e o platonismo mais tardio nem esquecer de forma alguma que a prossecução imediata de numerosos motivos xenocráticos se deve observar, acima de tudo, na filosofia helenística[23], não se pode, de facto, negar que o sistema eclectizante de Xenócrates teve importância nos desenvolvimentos da tradição platónica. Com muita coerência, Espeusipo tinha rejeitado as ideias, uma vez aceites os princípios, e havia feito notáveis concessões ao dualismo pitagórico; para cada aspecto do ser, estabelecem-se duas condições primárias em forma diádica, quer para os números, que são as primeiras realidades, quer para as figuras, para a alma, para os sensíveis[24]. Pelo contrário, Xenócrates levou a cabo a operação da conciliação entre a doutrina dos

---

[22] Este motivo foi particularmente posto em relevo por W. Burkert, *Weisheit und Wissenschaft. Studien zu Philolaos, Pythagoras und Platon*, Nuremberga 1962, cap. I.

[23] Sobre este assunto remeto para M. Isnardi Parente, *Preelenismo in Senocrate*, «Elenchos», I (1981), pág. 5-44.

[24] Fr. 33a Lang = 48 I.P.; comentário a Espeusipo: *Frammenti*, pág. 267 e ss.

princípios e a doutrina das ideias, e deu ao sistema assim obtido um carácter monista bastante mais acentuado. A função do «segundo princípio» no sistema xenocrático parece bastante reduzida em comparação com a que tinha no sistema de Espeusipo: aspecto necessário como causa concomitante para a derivação do real múltiplo a partir da unidade; no entanto, não voltamos a encontrá-lo com as suas características específicas aos vários níveis do ser. O Uno e as ideias dominam o sistema de Xenócrates; e, entre estas e o real sensível, a presença de um momento intermédio começa a deixar entrever a teoria do desenvolvimento contínuo do real, do princípio metafísico transcendente até ao sensível que, mais tarde, irá caracterizar o platonismo tardio.

O sistema de Espeusipo adopta um andamento progressista e construtivo; para Espeusipo, o bem não é um princípio, não coincide com o Uno, emerge como forma e perfeição realizada no decurso do desenvolvimento do real[25]. Não é o que se passa com Xenócrates, cujo sistema possui um andamento derivacionista, mesmo se, no seu carácter eclectizante, venham a descobrir-se nele aspectos elementares (Xenócrates – temos de o referir, ainda que, neste ponto, este aspecto do seu pensamento tenha para nós pouco interesse – defende uma teoria para-atomista do real físico, baseada num corpuscularismo geométrico afim ao do *Timeu* e num quase-atomismo geométrico, que nega a infinita divisibilidade matemática e postula, como elementos geométricos últimos, as grandezas mínimas que são as «linhas indivisíveis»[26])). O Uno-princípio é o princípio da ordem e da medida e, portanto, do bem; e, enquanto Espeusipo divisara o bem actuante como perfeição desdobrada

---

[25] Fr. 34a–f L. = 53-58 I. P.; comentário *ibid.* pág. 274 e ss. Cf. hoje, com algumas divergências neste ponto, L. Tarán, *Speusippus of Athens. A critical Study*, Leiden 1981, pág. 41 e ss.

[26] Fr. 42 H. = 127 I. P.; comentário a Xenócrates-Hermodoro, *Frammenti*, pág. 357 e ss. (onde podemos encontrar citada uma vasta literatura crítica sobre esta questão: particularmente importante H. J. Kramer, *Platonismus und Hellenistische Philosophie*, Berlim-Nova Iorque 1971, Exkurs II: *Die Physik des Xenokrates*).

na base de um certo processo, e o Uno apenas como início ou condição, ainda em si axiologicamente indiferente, do próprio processo, pode dizer-se, de certa forma, que Xenócrates foi o iniciador da teoria do Uno como bem; de qualquer maneira, não nos foi transmitida explicitamente nenhuma informação que nos leve a concluir que com ele começou a exegese combinatória do Bem da *República* (508c-509c) e do Uno do *Parménides,* mais tarde tão importante na história do neopitagorismo e do médio e neoplatonismo([27]).

Se o bem é a unidade, o seu oposto, fonte da indefinição, é não Uno; por conseguinte, Xenócrates parece ter utilizado para tal alternadamente o termo *plêthos*, multiplicidade, já utilizado por Espeusipo (termo derivado da exegese do *Parménides*) e o termo «díade» como primeira multiplicidade, ou díade indefinida, *dyás aóristos*, para evitar a confusão com o conceito da díade determinada, que outra coisa não é senão a ideia do dois([28]). Nestas escolhas, está implícita a redução à quantidade: Uno e díade-multiplicidade são as condições primeiras do número. Mas isto não leva Xenócrates, bem como Espeusipo, a negar a subsistência das ideias em prol apenas do número: pelo contrário, leva-o a afirmar o carácter intrinsecamente matemático da forma ideal, que outra coisa não é senão um número sublimado na transcendência.

As ideias assim concebidas já não são princípios ou realidades simples, mas resultam intrinsecamente compostas. O número, composto de unidade e multiplicidade, oferece-lhes o modelo formal intrínseco. Vamos assim, segundo Xenócrates, ao encontro de uma outra série de graves dificuldades deixadas por resolver por Platão: precisamente as que estão implícitas no uso do método «diairético». Este método lógico, ilustrado por Platão nos dois diálogos, *Político* e *Sofista*, inclui uma contínua dicotomia dos conceitos até se chegar a um conceito único, *átomon*, que já não é divisível. A partir da forma como Platão

---

([27]) Cherniss, *Riddle*, pág. 51 (com referência, porém, mais ao *Filebo* e ao *Timeu* do que ao *Parménides*).

([28]) Fr. 28 H. = 101-102 I. P., passos dos quais se deduz a intercambialidade dos dois termos no jogo de palavras feito por Xenócrates.

dele faz uso, facilmente nos apercebemos de que vale como abordagem progressiva ao conceito a definir, e que para ele é essencial sobretudo o acto da remoção dos conceitos estranhos, realizada pouco a pouco no processo de aproximação: a *diaíresis* é uma forma de purificação gradual da mente, preliminar e propedêutica, que ulteriormente será abandonada, uma vez desempenhado o seu papel de introdução à temática a tratar[29]. Se, por acaso, lhe for dada uma relevância não puramente metodológica mas de conteúdo, como parece ter acontecido no âmbito da primeira Academia, surgem as dificuldades de uma harmonização com a doutrina das ideias. Não levará ela à necessária aceitação de um carácter compósito da ideia, desde o momento em que uma ideia de tipo mais geral se torna divisível numa série de dicotomias, representando pares de conceitos mais circunscritos? E se conduz a tal, como seria mais defensável a teoria das ideias absolutamente simples, *mónades* ou *henádes*, como afirma o *Filebo*, *asýntheta*, como afirma o *Fédon*? Na Academia, quer Espeusipo, que prescinde da doutrina das ideias, quer Xenócrates, com intenções conciliatórias referentes àquela, começam a elaborar nos seus escritos específicos, cujos títulos nos foram transmitidos pelo biógrafo Diógenes Laércio, a teoria dos géneros e das espécies[30]. Xenócrates, em particular, apresenta uma nova versão da doutrina das ideias como entidades compostas, nascidas de uma *sýllepsis* de várias formas ou espécies; e o modelo de tal composição é oferecido pela estrutura do número, simultaneamente unitária e compósita. Por conseguinte, as ideias surgem como números ideais[31].

A partir da obra *As Ideias,* de Aristóteles, apercebemo-nos de que a modificação que se operou na Academia a propósito da doutrina das ideias não se limita a isto. Os académicos

---

[29] Cherniss, *Riddle*, pág. 54 e ss., na linha de P. Shorey, *What Plato said*, Chicago 1933, pág. 295.

[30] Diógenes Laércio, *Vitae*, IV, 5 (para Espeusipo), 13 (para Xenócrates).

[31] Remeto, sobre este assunto, para M. Isnardi Parente, *Studi sull'Accademia platonica antica*, Florença 1979, pág. 110 (baseado em Sexto Empírico, *Adv. Phys.* II, 258 e ss.).

começaram a pôr limites substanciais à extensão das ideias: para eles, só há ideias de determinados tipos de realidade: realidades naturais, realidades positivas, realidades substanciais. Parecem, pois, excluídas as ideias ou modelos racionais de realidades que saem da ordem natural e são puro produto de artifício, as de valor negativo, as de formas do real puramente relativas, que só possuem o seu ser em relação a qualquer outra coisa. O argumento controverso de Aristóteles contra as demonstrações que os académicos – o círculo de Xenócrates, sem dúvida – apresentam a propósito das ideias é exactamente aquele segundo o qual tais demonstrações, uma vez aceites, conduziriam à aceitação das ideias de realidades cuja realidade, por definição, lhes é negada([32]).

Sobre este ponto, mais uma vez, a diferença relativamente a Platão é substancial. Embora este, no início do *Parménides*, pareça ter levantado o problema de uma possível limitação da extensão das ideias([33]), na realidade é levado pela lógica intrínseca da sua doutrina a admitir modelos ideais de todos os tipos de realidade. A exigência de um modelo perfeito apresenta-se perante qualquer realidade, mesmo das que são intrinsecamente negativas, os desvalores: por numerosos exemplos de injusto que se possam encontrar na experiência sensível, nenhum deles é o injusto absoluto e perfeito, da mesma maneira que nenhuma forma de belo sensível é o belo em si; e, ao avaliarmos o alcance do injusto, já estamos a exigir, previamente, uma bitola de juízo absoluto; o mesmo acontece quando avaliamos a justiça ou a igualdade, quando exprimimos o nosso juízo acerca do

---

([32]) Cf. por ex., *Metaf.* I, 991b 5-7; esquema polémico amplamente utilizado nos «contra-argumentos» do *De ideis*.

([33]) *Parm.* 130a. e ss.: a propósito das ideias de seres desprezíveis (a lama) ou de seres parciais (o chapéu, não subsistente por si próprio, porque faz parte de outra coisa). Também há ideias dessas realidades, mas indirectamente (no caso do chapéu, mediante a ideia de homem; no caso da lama, mediante a ideia do elemento terra, correspondente à forma geométrica do cubo; e assim por diante). Em todo o caso, é revista a asserção de *Resp.* 596a (existe uma ideia para cada classe de objectos definíveis com um nome») onde temos a extensão máxima dos modelos. Quanto às ideias de realidades negativas cf. *Eutífr.* 5d, *Resp.* VI, 476a, *Theaet.* 176a, etc.

justo ou do igual. Por conseguinte, há ideias da impiedade ou do vício, na medida em que são projecções do extremo absoluto a que semelhantes desvalores podem teoricamente chegar. Por fim, quanto aos seres produzidos por artifício, Platão parece não lhes ter nunca negado a autêntica realidade, que é a racionalidade derivada do modelo: quando muito, negou-a aos seres reproduzidos, puras cópias do sensível, privados de uma função concreta: a realidade que tem e desempenha uma função concreta (por ex., a lançadeira de *Crátilo*, 389a e ss.) também tem o seu próprio modelo racional e a sua norma[34]. Para Xenócrates, pelo contrário, de acordo com um tardio mas não impreciso testemunho de Proclo[35], só existem ideias «de tudo aquilo que subsiste para sempre na ordem da Natureza»: das realidades naturais e não das artificiais; não só, mas também das espécies naturais e não dos indivíduos; um problema que parece também ser novo no tocante a Platão, e que emerge no seio da hierarquia género-espécie-indivíduo, em curso de elaboração na Academia.

Quanto à exclusão dos modelos ideais para as realidades puramente relativas, ela pressupõe uma distinção categórica da realidade em «substância» e «relativo», que também não se encontra *ut sic* na filosofia platónica[36]. De Xenócrates, pelo contrário, sabemos que também fazia, independentemente da divisão «vertical» em ideias e sensíveis, uma divisão «horizontal» das realidades em realidades que existem por si mesmas (*kath'hautá*) e realidades que só surgem em relação a qualquer outra coisa (*prós ti*)[37]. Possuímos um testemunho análogo de outro académico do círculo imediato de Platão,

---

[34] Sobre este assunto, remeto para M. Isnardi Parente, *Techne. Momenti del pensiero greco da Platone ad Epicuro*, Florença 1966, cap. I.

[35] Fr. 30 H = 94 I. P.; cf. comentário, ibid., pág. 325-7.

[36] Em *Sofist.* 255c, não se pode ver uma divisão categórica do género; quando muito, encontra-se aí a ocasião de onde os académicos partiram para a ulterior divisão categórica; Platão mostra aqui que resolve imediatamente o problema dentro da temática fundamental do *Sofista*, que é a relação do mesmo-outro.

[37] Segundo um testemunho de Simplício: fr. 12 H. = 95 I. P. (Xenócrates censurará a Aristóteles a abundância inútil das categorias).

Hermodoro, cuja divisão categórica teria sido um pouco mais complicada, implicando uma primeira subdivisão de realidades de per si e realidades relativas a outrem; e uma segunda subdivisão destas últimas em oposições e relativos puros[38]. Num texto bastante mais tardio, de Sexto Empírico, que cita uma fonte neopitagórica sem outra identificação, esta divisão volta a surgir em ligação explícita com a doutrina dos princípios: do Uno dependem as realidades substanciais e positivas, da díade indefinida dependem as negativas e as puramente relativas[39]. É provável que este enlaçamento à doutrina dos princípios seja de derivação académica; mas é ainda muito mais provável que em Xenócrates, fiel à doutrina das ideias, houvesse também a este propósito a intenção de conciliar entre si as ideias e os princípios. As realidades dividem-se em duas séries, as que dependem do princípio da ordem e da definitividade, e as que dependem do princípio da multiplicidade e da indefinição. Quanto às primeiras, existe a necessidade de um modelo transcendente: têm em si o reflexo da ordem racional que se articula nos dois momentos da unidade suprema e das ideias, que já contêm em si a primeira implicação da multiplicidade, mas em que a unidade, a medida, o definido, prevalecem sobre o que é divisão e início de indefinição. Quanto às outras, pelo contrário, as realidades negativas ou relativas, não há necessidade de conjecturar nenhum modelo transcendente; para as explicar é suficiente o facto de nelas prevalecer o princípio múltiplo-indefinido: por outras palavras, elas pertencem apenas ao mundo sensível[40]. Em suma, no sistema de

---

[38] Hermodoro, fr. 7 I. P.; o passo de Simplício (*In Arist. Phys.*, pág. 247, 30 e ss. Diels) teve um tratamento amplo na história da crítica: podem citar-se aqui como estudos de particular importância P. Merlan, *Beitrage zur Geschichte des antiken Platonismus*, I, «Philologus», LXXXIX (1934), pág. 35-53; P. Wilpert, *Neue Fragmente aus Peri Tagathou*, «Hermes», LXXVI (1941), pág. 225-50; Kramer, *Arete*, pág. 285 e ss.; mas para uma exposição mais vasta da literatura crítica cfr. Xenócrates-Hermodoro, *Frammenti*, pág. 439 e ss.

[39] Sexto, *Adv. phys.*, II, 276.

[40] Remeto para M. Isnardi Parente, *Le perí ideôn d'Aristote: Platon ou Xenocrate?*, «Phronesis», XXVI (1981), pág. 135-52.

As Premissas

Xenócrates, as ideias têm um papel bastante reduzido: são um momento da derivação do real a partir dos princípios e servem para explicar uma parte da realidade, aquela com que possuem uma relação de semelhança substancial, reconduzível à racionalidade do número. Não é por acaso que Aristóteles em *As Ideias* cita como exemplo a ideia do igual e a ideia da saúde, isto é, daquela propriedade que é considerada pela medicina pitagorizante a simetria dos elementos no corpo animal; e não é por acaso que Proclo, muito mais tarde, falará de ideias apenas das realidades naturais, uma vez que estas últimas estão estruturadas racionalmente segundo figuras geométricas([41]).

4. As ideias como pensamentos de Deus

Entre os estudiosos modernos, não faltou quem pensasse poder remontar a Xenócrates uma teoria destinada a ter posteriormente uma enorme fortuna na história da tradição platónica: a teoria segundo a qual as ideias são apenas pensamentos do intelecto divino e exemplares eternos do real que subsistem no seu interior([42]). Convém examinar brevemente esta hipótese: é evidente que, se ela pudesse ser comprovada ou pelo menos afigurar-se de algum modo plausível, os elos entre a Academia antiga e o platonismo pós-helénico resultariam decerto muito mais estreitos do que tudo o que possa surgir de adverso.

Na realidade, nos testemunhos relativos a Xenócrates, nada há que nos conduza claramente por esta via. Nunca encontramos neles a afirmação de que a ideia é um pensamento (*nóema*), afirmação que iria directamente contra o que Platão

---

([41]) Cf. *De ideis*, fr. 3 Ross (pág. 122. 15-19); e quanto foi dito in *Studi sull'Accademia platonica antica*, pág. 83-9.

([42]) Quanto ao *status quaestionis*, posso remeter para ZM II, 3, pág. 958-62; aqui, basta citar R. E. Witt, *Albinus and the History of the Middle Platonism*, Cambridge 1937, pág. 71 e ss. (contra o qual Cherniss, «American Journal of Philology», LIX [1938], hoje in *Selected Papers*, Leiden 1977, pág. 468--73); H. J. Kramer, *Der Ursprung der Geistmetaphysik*, Amesterdão 1964, pág. 56 e ss., 99 e ss., 371 e ss. e noutros passos *passim*.

INTRODUÇÃO A PLOTINO

defende no *Parménides* (130a): ou seja, que a ideia não é um pensamento, mas uma realidade objectivamente existente na ordem racional eterna. O testemunho de Proclo, a que acima fizemos referência (fr. 30 Heinze = 94 Isnardi Parente) contém uma breve parte xenocrática – a da verdadeira e própria definição – e uma parte de comentário, carregada de material pós--xenocrático: neste comentário, além de uma pesquisa sobre as causas denotando claramente fontes estóicas, encontramos também uma alusão ao intelecto divino como sede das ideias: é claro, porém, que se trata de uma dedução baseada em teorias bem mais tardias, que depois se tornaram correntes no neoplatonismo e que nada de semelhante podemos atribuir ao próprio Xenócrates[43].

Um testemunho doxográfico atribui a Xenócrates a teoria segundo a qual dois princípios operariam no cosmos: um superior, a Mónada ou Inteligência, que assume as funções de pai; outro inferior, a Díade ou Alma, que assume as funções de mãe[44]. É uma teoria para nós interessante, porque nos ajuda a entender a forma como Xenócrates operava uma projecção dos princípios na realidade cósmica: nesta, teria ele visto actuando duas forças cósmicas, correspondentes analogicamente aos próprios princípios, não se identificando, porém, com eles porque são realidades metafísicas e, por conseguinte, metacósmicas. Uma referência mais precisa à doutrina xenocrática, feita por Sexto Empírico, informa-nos de que Xenócrates defendia que a realidade do todo se dividia em três esferas: uma fora do cosmos, ou seja, fora do tempo e do espaço, só apreendida pelo puro intelecto; outra, representada pelo céu, já misturada de sensível e de inteligível, de tal maneira que, para a conhecer, é necessária a faculdade de opinar, mesclada de verdadeiro e de falso; finalmente, temos a esfera do sensível, sujeita ao conhecimento dos sentidos[45]. Isto significa que, para Xenócrates,

---

[43] Remeto para Xenócrates-Hermodoro, *Frammenti*, pág. 325 e ss.
[44] Aécio, *Placita*, I, 7, 30 = fr. 15 H., 213 I. P. (e Xenócrates-Hermodoro, *Framm.*, pág. 400 e ss.).
[45] Sexto Empírico, *Adv. Logicos*, I, 147-149 = fr. 5 H., 83 I. P.

As Premissas

existe uma esfera das ideias e dos princípios que se situa para lá da própria suprema realidade visível, o céu. A Inteligência--Mónada, pelo contrário, «reina no céu», governa a parte superior do cosmos visível. Trata-se, pois, de um *epouránios theós*, para utilizar a terminologia que, mais tarde, vamos encontrar na linguagem medioplatónica, e não de um *hyperouránios theós*, princípio superior ao cosmos: é tão-só o intelecto da alma do mundo, imanente ao universo, ainda que localizado na parte mais alta do universo. Semelhante intelecto não pode conter as ideias em si, as ideias-modelo perfeitas, transcendentes ao mundo, fora do espaço cósmico, vivendo fora do tempo num instante eterno.

Por conseguinte, entre o Uno-princípio de que derivam as ideias e o intelecto como princípio celeste monádico, não se consegue fazer qualquer identificação: nada nos diz que Xenócrates tenha concebido o Uno-princípio como intelecto. Mas a teoria das ideias-pensamentos não pode sequer ter como seu fundamento a teoria xenocrática da alma. Xenócrates deu uma definição de alma que atraiu amplamente a atenção dos comentadores e que nos é transmitida por inúmeros testemunhos: a alma é um «número que se move a si próprio»[46]. Enquanto Aristóteles define esta fórmula como puramente combinatória, ou imprópria sob o aspecto da predicação categórica, ou deveras absurda e conducente a conclusões assaz estranhas sob o aspecto matemático, esses comentadores procuram dar uma explicação plausível da definição, mediante o conceito de número; e Plutarco explica-nos que ela nasceu na base da exegese do *Timeu*, do difícil passo daquele diálogo em que Platão fala da construção da alma do mundo[47]. «Número» quer dizer que a alma é aparentada com as ideias, que têm essência numérica; é por isso que Platão falou da sua composição na base do indivisível e do divisível, isto é, do uno e

---

[46] Fr. 60 H. = 165 e ss. I. P.

[47] 35a–b; quanto a Xenócrates, cf. fr. 68 H. = 188 I. P.; importante o comentário à passagem de H. Cherniss, *Plutarch's Moralia*, XIII, 1, Loeb Classical Library, Londres-Cambridge (Mass.) 1976.

INTRODUÇÃO A PLOTINO

do múltiplo. Mas acrescentou o elemento cinético («fonte de movimento para si mesma»): Xenócrates esforça-se por fazer também esta leitura na passagem do *Timeu* em que Platão fala ainda de composição, na base de «o mesmo» e «o outro» (o mesmo é o que permanece imóvel na sua identidade, o outro é o que se move, afastando-se de si próprio). Por isso, caracterizar a alma como número não significa que a alma contenha em si o modelo matemático do cosmos; Xenócrates não parece ter dado nunca esta explicação e, em todo o caso, a alma é o princípio imanente do cosmos, cujas ideias são superiores na sua transcendência.

A doutrina segundo a qual os inteligíveis, as ideias, são interiores ao intelecto e não existem a não ser nele é-nos apresentada pelas nossas fontes num enquadramento teórico diferente do da Academia antiga. Faz parte de uma perspectiva demiúrgica que, na realidade, parece estranha à Academia antiga. No âmbito da primeira escola pós-platónica, a exegese do *Timeu* começa bastante cedo e com resultados bastante diversificados; esse facto diz-nos, mais uma vez, como Platão deixou na aporia determinados e importantes motivos teóricos: de facto, enquanto Aristóteles entra em polémica com Platão como se este tivesse tido a intenção de conferir carácter realista à sua cosmogonia, Espeusipo e Xenócrates esforçam-se por oferecer do *Timeu* uma interpretação estritamente alegórica e didascálica, vendo nele a alusão a uma derivação eterna do cosmos sensível a partir do inteligível transcendente, número ou ideia-número: a construção do mundo desenhada no *Timeu* é fictícia, tal como o são as operações matematico-geométricas, convencionais, referentes à Natureza e à essência imutável dos entes matemáticos considerados de per si([48]). Esta interpretação do *Timeu*, porém, adverte-nos também de que o que interessa à Academia não é o momento demiúrgico, o momento activo do projecto ou o desígnio do pensamento divino interessado em aplicar os seus

---

([48]) Cfr. Espeusipo, fr. 54b L. = 95 I. P.; Xenócrates, fr. 54 H. = 155-156 I. P. Contra ambos se dirige certamente o passo de Aristóteles, *De caelo*, I, 279b (fr. 545a L., 54 H. = Espeusipo, 94 I. P., Xenócrates, 153 I. P.).

modelos ao cosmos; pelo contrário, os académicos tendem a relegar para o mito e para a alegoria a função projectiva e construtiva a fim de, ao invés, realçarem a gradação e a dependência de ambos os momentos, o do inteligível matemático transcendente e o da realidade espacial-cósmica; relação que é de carácter metafísico, *ab aeterno*, ainda que depois se queira especificamente entendê-lo ao ritmo do seu desenvolvimento (e já vimos que, partindo embora deste tipo de interpretação do *Timeu*, Espeusipo e Xenócrates concebem esse ritmo de forma diferente um do outro)([49]).

Pelo contrário, nos autores em que pela primeira vez deparamos com a teoria das ideias entendidas como planos ou projectos do intelecto divino para a construção artesanal do mundo – Fílon de Alexandria e Séneca – vemos prevalecer uma concepção do divino em que a potência demiúrgica realizadora e construtora é o primeiro atributo do próprio divino. Nesta perspectiva, os *eíde*, as ideias ou formas, no *Timeu* consideradas exteriores à inteligência demiúrgica que actua sobre o seu modelo, são imanentizadas a esta mesma inteligência. A ideia de que o *eídos* está realmente na mente do artífice produtor, que a arte tem como ponto de partida um *eídos en tê psychê*, esclarece-se com Aristóteles e encontramo-la repetida mais vezes na *Metafísica*: neste lugar, obviamente, é aplicada ao artesão empírico e à alma individual([50]). Analogamente à alma individual, como o contexto claramente nos indica, é aplicada por Aristóteles a expressão de «lugar das ideias» ou «das formas», *tópos eidôn* (*De an.* III, 429a): a alma, a mente, é o lugar em que se realizam as formas, isto é, as formas abstractas do real ou intuídas pela inteligência. Esta teoria aristotélica é muito importante como ponto de partida para os ulteriores desenvolvimentos da doutrina do demiurgo: desde que nos dêmos conta de que a acção artesanal exige uma forma exis-

---

([49]) Sobre este assunto, remeto mais uma vez para *Studi sull'Accademia platonica antica*, pág. 70, 122-3.

([50]) Cf. *Metaf.* VII, 1032b 15 e ss.; 1034a 21 e ss.; etc. Remeto para *Techne*, pág. 97-120 («A forma da alma»).

tente no intelecto, uma forma que seja o início da operação e, ao mesmo tempo, seu último fim, na medida em que tende propriamente a realizar a forma na matéria, descobrir-se-á que, da mesma maneira, as ideias ou formas das coisas devem estar ínsitas na inteligência do produtor. De resto, os estóicos serão os primeiros a recolher este motivo, tornando-o imanente e físico: no seu sistema, o demiurgo torna-se o «foco artesanal», potência ígnea inteligente e construtiva, ínsita nas coisas, que das coisas possui em si as «razões», os *lógoi*, as formas seminais geradoras da ordem que reina no universo[51].

Quando, em que preciso momento, a teoria do intelecto demiúrgico, que contém as ideias no seu interior, regressou, em forma transcendente, ao seio da tradição platónica, é algo que nunca se poderá estabelecer com certeza. Entre os que se recusam a fazer remontar à Academia antiga a teoria da existência das ideias no intelecto divino há quem tenha acreditado poder individualizar a génese de tal teoria no renascimento da metafísica platónica após o parênteses estóico, ou seja, no pensamento de Antíoco de Áscalon[52]. Na realidade, porém, pouco ou nada sabemos acerca da especulação metafísica de Antíoco, se é que na verdade ela existiu; e Cícero, em cuja obra quiseram encontrar-se vestígios do conhecimento dessa teoria, não é claro a tal respeito. Em um passo célebre do *Orator* (2, 8 e ss.), encontramos o motivo da forma ideal existente na alma do artífice, com uma notável mistura de tiradas platónicas e aristotélicas: platonicamente, fala-se da forma ideal ou modelo perfeito, e não de uma forma simplesmente abstracta da matéria; mas é aristotélico o tema da presença da forma «na alma»: *ipsius (=artificis) in mente insidebat species pulchritudinis eximia quaedam, quam intuens... artem et manum dirigebat»* [na mente do próprio artífice residia uma certa espécie exímia de beleza; observando-a... dirigia a sua arte e a sua mão]. O

---

[51] Cf. SVF I, 120 (para Zenão), em geral para a Stoá de Crisipo II, 774; 1027; 1134; e noutros passos, *passim*.

[52] Assim em particular W. Theiler, *Die Vorbereitung des Neuplatonismus*, Berlin 1930, pág. 16, 39 e ss.

passo contém uma novidade bastante importante no que se refere ao pensamento de Platão, que constitui um autêntico ponto de desenvolvimento: Cícero refere este motivo ao artista (Fídias) que executa a escultura de Zeus ou de Atena, com os olhos postos na forma ideal do belo, e isto significa a superação do limite posto por Platão à arte figurativa no Livro X da *República*, onde esta fora entendida como totalmente resolvida no sensível. No entanto, da mesma forma se deve reconhecer que nada neste passo nos autoriza a alargar a teoria da «forma na alma» do artífice humano ao divino, da *mens* do artífice produtor de estátuas à do deus produtor do cosmos. Nem naquilo que Cícero nos refere acerca do seu mestre Antíoco de Áscalon (que é quase tudo o que acerca dele sabemos com certeza[53]) existe algo que permita esta atribuição: uma teoria deste tipo não deixaria de ter impressionado Cícero, interessado na doutrina do *Timeu* ao ponto de fazer deste diálogo objecto de uma tradução-paráfrase.

Pelo contrário, um século mais tarde, dois testemunhos bastante precisos dizem-nos que a doutrina das ideias como pensamentos de Deus tinha entrado a fazer parte da tradição platónica. A primeira é a de Fílon de Alexandria: para este, as ideias aparecem como uma espécie de instrumento de que Deus se serviu para produzir a realidade cósmica. No intuito de construir artesanalmente (*demiourgêsai*) o cosmos sensível, Deus forjou previamente como modelo (*proexetýpou*) o cosmos inteligível, o conjunto das formas (*De opif. mundi*, 16). Estamos perante uma adaptação do esquema platónico à teoria criacionista

---

[53] Quanto à recolha de fragmentos cf. G. Luck, *Der Akademiker Antiochos*, Berna-Estugarda 1953. No testemunho de Cícero, Theiler, *Vorbereitung*, pág. 15 e ss., afirmou que, pelo menos, se pode ler implicitamente a teoria das ideias-pensamentos de Deus; dá maior importância, no que se refere a este problema, a Eudoro, J. Dillon, *The Middle Platonists*, Londres 1977, pág. 135 e ss. (ainda a favor de Antíoco, por outro lado, P. L. Donini, in P. L. Donini – G. Gianotti, *Modelli filosofici e letterari. Lucrezio, Orazio, Seneca*, Bolonha 1979, Ap. II, segundo o qual as epístolas de Séneca viriam iluminar retrospectivamente Cícero, e nas epístolas senequianas poderia encontrar-se a doutrina de Antíoco).

(o Deus de Fílon, não se esqueça, é o Deus do Antigo Testamento) e, ao mesmo tempo, temos aqui um compromisso do criacionismo por meio da teoria dos exemplares, sendo estes considerados como ponto de passagem necessário para a própria acção divina([54]). A «pré-fabricação» do mundo inteligível por Deus traz ao próprio mundo das ideias uma nota produtiva, e não contemplativa; todavia, um pouco mais adiante na mesma obra (*De Opif. mundi*, 20) deparamos com uma reformulação da teoria em termos mais ortodoxamente platónicos: o cosmos inteligível não tem outro lugar que não seja o *theîos lógos*, a razão divina. Mas também aqui Fílon não abandona a comparação com o construtor: de facto, serve-se, em idêntico contexto, da comparação com o arquitecto, o criador e o projectista de uma cidade, que tem a forma desta gravada na sua alma e desta maneira procede à sua realização.

O segundo testemunho, algumas décadas mais tarde, é dado por Séneca. Em duas epístolas diferentes, Séneca aborda o tema do artista que contempla a ideia; mas, enquanto num dos dois passos (*Epist.* 58, 19 e ss.) se mantém em termos, por assim dizer, ciceronianos, sem referência ao Deus criador e construtor do cosmos, no outro (*Epist.* 65, 7-12) alarga o seu discurso à teoria cósmico-demiúrgica. A ideia ou «exemplar» é definida com referência explícita à metáfora artesanal: é com os olhos postos nela que o artífice produziu o objecto que tinha em mente («*hoc est enim ad quod respiciens artifex id quod destinabat effecit*»). E o discurso é imediatamente transposto para o plano cósmico-teológico: «*haec exemplaria rerum omnium deus intra se habet numerosque universorum quae agenda sunt... plenus his figuris est quas Plato 'ideas' appellat, inmortales, inmutabiles, infatigabiles. Itaque homines quidem pereunt; ipsa autem humanitas, ad quam homo effingitur,*

([54]) Procuraram-se as fontes do passo filoniano em Possidónio, a partir de A. Schmekel, *Die Philosophie der mittleren Stoa*, Berlim 1892, pág. 430-2; a tese possidoniana é hoje, aliás, escassamente defendida, e na realidade o imanentismo de Possidónio, filósofo estóico embora platonizante, torna a atribuição fracamente aceitável. Cf. sobre esta questão mais adiante, cap. IV, nota 15.

permanet...» [Deus tem na sua mente os exemplares de todas as coisas e os números dos universais que devem ser produzidos... está repleto destas figuras a que Platão chama 'ideias', imortais, imutáveis, infatigáveis. Por isso, os homens morrem; mas a humanidade, segundo a qual o homem é modelado, permanece...). Na morte dos indivíduos, de que o cosmos está povoado, sobrevivem eternas as formas que presidem à sua mesma realização, e a eternidade das ideias no intelecto divino garante ao mesmo tempo a possibilidade que o cosmos possui de se produzir e a sua permanência para lá da destruição singular. A ideia é regra ou modelo, aquilo *«ad quod deus hanc magnitudinem operis pulcherrimi fecit»* [segundo o qual Deus realizou esta belíssima obra de grandeza]; um pouco mais adiante, é definida como *«instrumentum causae necessarium»* [instrumento necessário para a causa]; é, portanto, uma espécie de causa concomitante, imprescindível para a acção de Deus, que é a causa mais verdadeira e primária, a causa eficiente. Note-se que Séneca parece atribuir directamente a Platão este seu modo de conceber as ideias: o que nos diz que não é necessário esperar pelo desenvolvimento do platonismo médio nos séculos II e III para encontrarmos já formada esta tradição, que representa a tendência para se ler o *Timeu* platónico pautando-se pela doutrina aristotélica das formas e pelo providencialismo demiúrgico estóico.

Entre Cícero e Séneca, no decurso da tradição platónica, situa-se um renascimento platonizante alexandrino: temos poucas informações sobre Eudoro e sobre a sua escola, mas o pouco que sabemos acerca desta personagem (que talvez tenha tido contactos com Antíoco de Áscalon, em Alexandria) é suficiente para nos fazer compreender que se trata de um nó importante na história do platonismo. Eudoro, no entusiasmo da renascida especulação metafísica em nome de Platão, comentava os diá-

---

(⁵⁵) Para possíveis relacionamentos de Eudoro com Antíoco (é, porém, tese discutida) cf. Theiler, *Vorbereitung*, pág. 34 e ss., baseado em Cícero, *Lucullus*, 4, 11. Quanto a Eudoro, cf. principalmente H. Dorrie, *Der Platoniker Eudoros von Alexandreia*, «Hermes», LXXIX (1944), pág. 25-38 (=*Platonica minora*, Munique 1976, pág. 297-309).

INTRODUÇÃO A PLOTINO

logos, em particular o *Fedro*, reformulando – possivelmente em polémica com a *Stoá* – a concepção da divindade, que é posta «para lá do céu», transcendente, para lá da realidade cósmica e da própria realidade celeste([55]). Para Eudoro, este deus que está lá em cima, *hyperáno*, talvez tenha começado a identificar-se com o *noetós kosmos*, portador em si dos exemplares eternos; e a doutrina de Eudoro devia ser conhecida em Alexandria por Fílon, que pode, a seu modo, ter sofrido a sua influência. Mais do que na doutrina de Antíoco, ainda tendencialmente imanentista, talvez tenha sido no novo transcendentismo do platonismo alexandrino que pode ter tomado corpo a teoria do intelecto demiúrgico, fonte dos modelos e dos arquétipos eternos, a qual não mais deixará de se apresentar em todas as etapas sucessivas do platonismo, constituindo uma sua constante ineliminável.

II. A «Preparação»

1. Monismo e dualismo na tradição platónica

No pitagorismo antigo, pré-platónico, parece ter de notar-se – segundo o testemunho de Aristóteles – a predominância de uma tendência dualista: a realidade é subdividida em duas séries contrapostas, em cada uma das quais se revela a caracterização dominante do princípio do limite ou do ilimitado: o próprio número, que se encontra na base da realidade no seu conjunto, representa esta duplicidade nos seus dois aspectos de ímpar-limite e par-ilimitado. Não falta uma tentativa de apontar a origem das duas séries em um único princípio, o uno entendido como parímpar, entidade primeira que reúne em si os dois opostos; e esta tendência tem talvez a marca de Filolau[1]. Mas também neste aspecto da doutrina pitagórica a antítese limite-ilimitado continua a ser o critério fundamental de juízo para a avaliação da *phýsis*; e a estrutura da realidade não cessa de ser concebida segundo um esquema dualista.

A elaboração da doutrina dos princípios na primeira Academia, com a acentuação tendencial do monismo introduzida por

---

[1] Cf. a propósito J. E. Raven, *Pythagoreans and Eleatics*, Cambridge 1948, Amesterdão 1966, pág. 115 e ss.

filósofos como Xenócrates ou Hermodoro (o qual, segundo o testemunho de Simplício – testemunho que remonta, porém, ao platónico Dercílides, do século I, através de Porfírio – parece ter negado ao segundo princípio o verdadeiro carácter de realidade([2])), não deixa, por seu turno, de se reflectir na história do pitagorismo ulterior. Diógenes Laércio (VIII, 24 e ss.) presta-nos, a propósito, um interessante testemunho, que não pode deixar de remontar à época helenística ou, o mais tardar, ao século I a. C., uma vez que a sua fonte é o erudito do século I, Alexandre Poliístor([3]); tal testemunho teria sido extraído dos *Hypomnémata pythagorica*, sem outra identificação. O seu desconhecido autor afirma que o princípio de tudo é a mónada (*monás*, pelo menos neste estádio, parece ser o termo predilecto dos pitagóricos para se referirem ao Uno([4])), e que dela deriva a díade indefinida: pelo que a díade não se pode ter, em termos estritos, por um princípio. É depois definida como matéria, com respeito à mónada que é forma: um esquema aristotélico, que poderia talvez ter sido retirado da *Metaf.* 992a, no passo em que Aristóteles fala dos princípios como constituindo o princípio formal e o princípio material das ideias. No entanto, a sequência do discurso tem muito pouco de aristotélico; de facto, o autor pitagórico afirma que o Uno é forma da matéria enquanto sua causa, afirmação que Aristóteles não teria decerto podido subscrever; para ele, matéria e causa surgem como causas concomitantes e nunca como causa uma da outra. E o facto de fazer do Uno-mónada a causa da díade confirma-nos, uma vez mais, que a díade, nesta perspectiva eclectizante e combinatória, perdeu a sua função de princípio; isto apesar de o autor conceber ainda a derivação da realidade de modo muito afim ao da Academia antiga, ou seja, de forma geometrizante, fazendo derivar dos princípios os números, depois os pontos,

---

([2]) Xenócrates-Hermodoro, *Frammenti*, pág. 439 e ss (comentário a Hermodoro fr. 8, por Simplício, *In Aristotelis Phys.* pág. 256, 31 e ss. Diels.

([3]) Cf. Timpanaro Cardini, *Pitagorici*, III, pág. 216 e ss., e nota pág. 217 e ss para uma resenha da literatura crítica.

([4]) Para o carácter provavelmente pós-platónico do termo, cf. Timpanaro Cardini, *Pitagorici*, II, pág. 215 (nota a 44 B 8 DK).

A «Preparação»

em seguida os corpos sólidos, finalmente as entidades do sensível.

Perante outro testemunho anónimo do pitagorismo da época helenística ou imediatamente pós-helenística, deparamos com Sexto Empírico (*Adv. phys.* II, 259 e ss.), que atribui a não melhor identificados «discípulos dos pitagóricos» um excerto teórico respeitante simultaneamente à doutrina dos princípios e à divisão categórica do ser, dois motivos que aqui, pela primeira vez, são postos em estreita relação recíproca. Nesta abordagem, rica em inúmeros elementos de proveniência académica[5], Sexto faz derivar a divisão do ser em duas esferas contrapostas – uma caracterizada pela racionalidade, ordem e auto-suficiência, a outra pela irracionalidade, imperfeição e indefinição – da contraposição primitiva de dois princípios últimos, os princípios da primeira Academia, Uno e díade indefinida. Os autores imitados por Sexto parecem retomar a divisão de Hermodoro em realidades que existem por si (*kath'hautá*), realidades em oposição recíproca (*enantióseis*), realidades puramente correlativas uma à outra (*prós ti*), mas com a finalidade de acabar por reduzir esta tríade aparente a uma dicotomia substancial: uma vez que as realidades essencialmente auto-suficientes e a parte positiva de cada par de opostos se colocam na série ideal dependente da unidade, a parte negativa de cada par de opostos e as realidades que não têm subsistência autónoma, mas apenas se colocam uma em função da outra, integram-se na série que depende da díade indefinida. A divisão categórica proveniente da antiga academia revela aqui, com clareza, a sua relação com o dualismo dos princípios.

No entanto, no modo de estabelecer os princípios, também em Sexto se revela uma tendência para a sua redução ao monismo, com uma certa exaltação da unidade enquanto fonte de derivação da díade. Efectivamente, Sexto afirma um pouco

---

[5] Muitos deles xenocráticos; remeto para Xenócrates-Hermodoro, *Frammenti*, pág. 347 e ss. Pelo contrário, inclinam-se a reconhecer doutrina do próprio Platão nesse passo Kramer, *Arete*, pág. 250 e ss., 308 e ss.; Gaiser, *Quellenkritische Probleme der indirekten Platonsuberlieferung*, in *Idee und Zahl*, Heidelberga 1968, pág. 31-84.

mais adiante (II, 261) que a unidade, considerada em si mesma, se apresenta com características próprias de unicidade absoluta, indivisibilidade e imobilidade; mas, no acto de se somar a si própria, de se auto-acrescentar, duplica-se tornando-se outra de si mesma e gerando a dualidade primeira. Esta aparece assim como qualquer coisa de derivado e não de primário, como já ocorria no testemunho anónimo de Alexandre Poliístor: uma derivação da unidade, um primeiro momento no decurso da derivação do real. E único e verdadeiro princípio é o Uno, que se coloca no topo da hierarquia do ser.

É claro que um monismo tendencial deste tipo é ainda ténue perante aquilo que aparece, em finais do século I d. C., no monismo transcendentista do neopitagórico Moderato de Gades: embora o testemunho que sobre ele chega até nós da parte de Simplício, através de Porfírio, se deva ter por fidedigno e a ele substancialmente referenciável, a sua teoria leva a tradição neopitagórica platonizante a dar um passo radical em frente, rumo ao transcendentismo metafísico. Moderato atribui juntamente a Platão e aos pitagóricos uma teoria que triplica o uno em três níveis: há o primeiro Uno, acima do ser e de toda a realidade (*ousía*); um segundo Uno, o inteligível, ao qual pertencem as ideias; um terceiro Uno, que participa da unidade superior e das ideias e que corresponde à alma; por fim, abaixo deles, a Natureza sensível, ordenada por reflexo[6]. Ora, a atribuição a Platão dos três tipos diversos de Uno só pode referir-se a um diálogo, o *Parménides*; e essa é uma exegese à qual teremos a oportunidade de voltar amplamente mais adiante, quando a encontrarmos exposta com profundidade nas *Enéades* de Plotino. A exegese do *Parménides*, que neste

---

[6] Simplício, *In Arist. phys.*, pág. 230, 34 e ss. Diels (onde Simplício se refere a Porfírio e não se baseia directamente no autor, que já não lia). Cf. a este propósito P. Merlan, *Greek Philosophy from Plato to Plotinus*, in *Cambridge History of Later Greek and Early Medieval Philosophy*, Cambridge 1967, em part. pág. 90 e ss.; J. Dillon, *The Middle Platonists*, pág. 347 e ss.; P. L. Donini, *Le scuole, l'anima, l'impero: la filosofia antica da Antioco a Plotino*, Turim 1982, pág. 138 e ss. (o qual cita outra importante bibliografia, notas, pág. 158-9).

A «Preparação»

diálogo (e precisamente nas três primeiras hipóteses lógico-dialécticas, relativas ao Uno que prescinde de qualquer múltiplo, ao Uno que também é múltiplo, e ao Uno que se coloca juntamente aos muitos) lê a descrição de três estádios do ser em que a unidade original se vai complicando e degradando, teria assim começado no neopitagorismo de Moderato, para prosseguir em Plotino e seguidamente no neoplatonismo ulterior[7]. Podemos, no entanto, alimentar alguma incerteza acerca da fidelidade da referência: as analogias com a exegese mais tardia e mais madura do *Parménides* que encontramos em Plotino são demasiado acentuadas para não alimentarmos a suspeita de que os termos foram forçados[8]. Se bem analisarmos o testemunho de Simplício, o contexto em que Porfírio teria exposto a teoria de Moderato seria o de um discurso sobre a matéria, e não de uma ilustração das três hipóstases: o objectivo de Porfírio teria sido explicar que, para Moderato, a matéria nos sensíveis é «uma sombra do não-ser, que originalmente se encontra na quantidade»; isto é, se bem entendemos, que a matéria sensível é um reflexo da díade indefinida, conceito que, noutro lugar, parece ter desempenhado uma determinada função na teoria do mesmo filósofo[9]. É claro que Moderato se movimentava numa perspectiva platonizante, como esta referência só por si seria suficiente para demonstrar. Mas, como razoavelmente se observou, nenhum testemunho de plágio atingiu alguma vez Plotino relativamente a Moderato: embora seja possível fazer partir deste o início da exegese do *Parménides* em sentido transcendentista, é arriscado supor que o Uno acima do ser e do intelecto, ou até as três hipóstases plotinianas, encontre já nessa exegese uma colocação exacta *ante litteram*[10].

---

[7] Cf. para esta interpretação (iniciada com E. R. Dodds, *The Parmenides of Plato and the Origin of the Neoplatonic One*, «Class, Quarterly», XXII [1928], pág. 129-142); J. Whittaker, *Neopythagorianism and the Transcendent Absolute*, «Symbolae Osloenses», XLVIII (1973), pág. 77-86.

[8] Cf. hoje as razoáveis observações de Donini, *Le scuole*, pág. 139-40.

[9] Porfírio, *Vita Pythagorae*, 48; a propósito, A. J. Festugière, *La Révélation d'Hermès Trismégiste*, Paris 1948-1954, IV, pág. 40.

[10] Novamente Donini, *Le scuole*, pág. 140.

INTRODUÇÃO A PLOTINO

O problema, bem entendido, fica em aberto. Porfírio, que defendeu o mestre contra a acusação de plágio respeitante a Numénio, poderá ser considerado o autor que forçou a doutrina de Moderato, o que facilmente nos levaria a indicá-lo como precursor de Plotino na via da transcendência metafísica, expondo o próprio Plotino a novas possíveis acusações? Ou será talvez necessário pensar que esse forçar os termos esteja antes em Simplício e não em Porfírio, e que seja a referência de Simplício a forçar os termos da exegese que Moderato fazia do *Parménides* de Platão? Estas são perguntas às quais é impossível dar uma resposta definitiva e exaustiva.

2. Platonismo e aristotelismo na tradição platónica

No decurso do século II d. C., Platão começou a ser amplamente conhecido nas escolas filosóficas por intermédio de uma feliz obrazinha de síntese denominada *Didaskalikós*, que chegou até aos nossos dias sob o nome de um tal Alcínoo, que não é conhecido em qualquer outro lugar e em quem grande parte da crítica julga reconhecer o platónico Albino, mestre de Gaio, representante de uma das principais correntes do platonismo na época imperial[11]. A doutrina de Platão é reconstruída em boa parte, mas não exclusivamente, à base do *Timeu*; e não faltam momentos de conciliação com as teorias aristotélicas e uma certa intromissão de elementos aristotelizantes, o que distingue a obra e o autor da tendência fortemente anti-aristotélica de outros representantes do platonismo da época, como por exemplo Ático, autor de um cerrado ataque contra os pretensos conciliadores de Platão e Aristóteles[12]. Obviamen-

---

[11] Contra esta identificação, que remonta a Freudenthal (*Der Platoniker Albinos und der falsche Alkinoos*, in *Hellenistisches Studien*, II, Berlim 1879), cf. M. Giusta, *Albinou epitome o Alkinoou Didaskalikós?*, «Atti Accad. Scienze Torino», XCV (1960-61), pág. 167-94. Falaremos, pois, do autor do *Didaskalikós*, deixando a questão em aberto.

[12] Os fragmentos da obra *Contra os que julgam poder interpretar a doutrina de Platão mediante a doutrina de Aristóteles* (com evidente polémica

A «Preparação»

te, desconta-se a influência da *Stoá*, que acompanha platonismo médio como uma constante e que tem as suas raízes na Academia tardia da época helenística, e da Academia de Antíoco com o seu sincretismo platónico-estóico: essa influência confere uma singular expressão ao problema cosmológico e ao tema demiúrgico. Pelo contrário, a temática de derivação pitagórica, a do Uno que gera os números e a da díade indefinida, já não está presente neste tipo de exegese platónica, a que é estranho o interesse pela especulação matematicizante.

De acordo com uma prática que se tornou corrente, e que temos de fazer remontar, como vimos, a Xenócrates (embora Antíoco de Áscalon possa ter tido parte na sucessiva reelaboração do esquema)([13]), a filosofia de Platão apresentada pelo autor do *Didaskalikós* está subdividida de forma tripartida; utiliza os termos estritamente aristotelizantes de «teorética» e «prática» (evitando o termo «física», demasiado especificamente helenístico ou comprometido com a filosofia helenística), para a doutrina relativa ao ser e para a que rodeia a acção; ao mesmo tempo, designa a lógica pelo termo agora muito ambíguo de *dialektiké*([14]). Ao tratar da parte teorética, o *Timeu* assume a maior importância; mas é um *Timeu* reinterpretado à luz de temas ulteriores, que vão da teoria aristotélica da forma ao providencialismo estóico. A ideia assume diversos aspectos: considerada em si mesma, é o pensamento de Deus, puro, eterno e perfeito; mas considerada do nosso ponto de vista, é o primeiro pensável (*prôton noetón*); e considerada em relação

---

contra outros platónicos) são hoje lidos in E. Des Places, *Atticus: fragments*, Paris 1977, pág. 38-69. Cf. ibid. também *Notice*, pág. 27 e ss.

([13]) É a opinião de P. Boyancé, *Cicéron et les parties de la philosophie*, «Rev. Études Latines», XLIX (1971), pág. 127-54. Mas Sexto Empírico (*Adv. log.* I, 16 = Xenócrates, fr. 1 H., 82 I. P.) deixa entender claramente que a primeira tentativa para forçar o esquema tripartido de Platão remonta a Xenócrates. Cf. *Didaskalikós*, pág. 153, 21 e ss. Hermann (= *Platonis Opera*, Leipsig 1853, VI).

([14]) O termo passou através da utilização pelos estóicos: cf. SVF II, 122 e ss.

INTRODUÇÃO A PLOTINO

ao cosmos sensível, coloca-se como seu modelo (pág. 163, 12 e ss H.): o autor aristotelizante vale-se de um conceito que não é outro senão o de *énylon eîdos*, e chama a este tipo de ideia-forma «ideia segunda». Acolhe também a teoria da limitação da extensão das formas ideais, mas essa teoria repousa agora para ele na existência das ideias no intelecto divino: que as ideias são pensamentos de Deus exclui que possam ser referidas a objectos artificiais, que não fazem parte da construção do universo, ou a realidades contra a Natureza, que não fazem parte da ordem do universo. Esta limitação, porém, é atribuída pelo autor do *Didaskalikós* à «maioria dos platónicos», como teoria não canónica, evidentemente, e que ainda encontra opositores na escola (pág. 163, 22 e ss H.).

O conceito de Deus no nosso autor não é certamente unívoco. Existe para ele um deus primeiro, intelecto supremo, *hyperouránios*, para além do céu, que contém em si as ideias; é denominado «pai» e «causa» (pág. 164, 35 e ss H.), mas, na realidade, o poder demiúrgico não é seu, mas do segundo deus, o *epouránios*, que governa o céu a partir do seu interior e olha pelas ideias, pensadas pelo intelecto superior, para as transmitir ao cosmos. Se o deus primeiro é intelecto puro e separado, este segundo deus-intelecto é o *noûs* da alma do mundo, do princípio vital e inteligente, inerente ao cosmos. Se o deus primeiro é imóvel e a sua *enérgeia* pura é a ideia, que permanece nele e dele não sai (tal como o deus aristotélico, move-se permanecendo imóvel, por pura atracção), o segundo deus, pelo contrário, sai de si para gerar a ordem cósmica e prolonga-se no mundo como energia psíquica: é um deus substancialmente imanente ao mundo([15]). E o preceito ético platónico de se modelar pelo divino – a *homoíosis theô* – refere-se a este segundo deus, o *theós epouránios*; este é,

---

([15]) J. H. Loenen, *Albinus' Metaphysics. An Attempt at Rehabilitation*, «Mnemosyne», IV, 9 (1956), pág. 296-316, e 10 (1957), pág. 35-56, demonstrou que no autor do *Didaskalikós* não deve ainda procurar-se uma posição de tipo neoplatónico.

A «Preparação»

efectivamente, o deus bom e providencial, enquanto o deus primeiro é superior à própria virtude e, na sua perfeita e imóvel eternidade transcendente, não suporta definições de ordem ética[16].

No *Didaskalikós* estão ausentes os elementos matematicizantes mais típicos da doutrina dos princípios; embora nele se fale de entes geométricos, é apenas para se referir às figuras geométricas do *Timeu*, as dos elementos, que dão ordem ao cosmos. Nem sequer se pode dizer que no *Didaskalikós* se leia com clareza a doutrina ulteriormente pós-platónica das três hipóstases: o segundo deus e o terceiro, a alma do mundo, não são ainda duas hipóstases separadas, hierarquicamente dispostas. O sistema esboçado nesta obrazinha é ainda representativo de uma fase diádica, e não triádica, do desenvolvimento do ser: um deus incorpóreo superior ao céu, a que Eudoro chamara o «deus que está por cima», *theós hyperáno*[17], e um deus imanente na realidade corpórea, *noûs-psyché*, inteligência--vida, demiurgicamente operante no céu e no cosmos. A cosmologia tem ainda uma importância central neste sistema; a teoria das ideias desdobra-se em teoria dos paradigmas--pensamentos divinos e teoria das formas realizadas na matéria; a relação entre corpóreo e incorpóreo é o tema central em volta do qual se ordena a exegese da filosofia de Platão.

De uma forma muito diversa, na vertente oposta do platonismo – uma vertente fortemente anti-aristotélica – mas com análoga atenção realista ao problema cosmológico, coloca-se mais ou menos nos mesmos anos o platonismo de Ático[18]. A doutrina das ideias em Ático apresenta-se através dos testemunhos, de forma bastante complexa e não isenta de contradições. A acreditarmos em Proclo, no seu comentário ao *Timeu*, Ático teria defendido ainda uma teoria das ideias «subsistindo por si

---

[16] *Didaskalikós*, pág. 181, 35 e ss. Hermann.

[17] Para a derivação provável desta expressão do «hiperurânio» do *Fedro*, cf. Dorrie, *Eudoros*, pág. 33 (= *Platonica minora*, pág. 305).

[18] Cf. J. Baudry, *Atticus: Fragments de son oeuvre*, Paris 1931, Notice, pág. xvii e ss.; e a mais recente e completa edição já citada de E. Des Places, *Notice*, pág. 9 e ss.

INTRODUÇÃO A PLOTINO

mesmas e colocadas fora do intelecto»([19]); isto significa que, no século II d. C., ainda nem todos os platónicos aceitavam como teoria totalmente pacífica a teoria da inerência dos paradigmas ideais na Inteligência transcendente. O testemunho de Proclo, aliás, não é de todo coerente com o de Eusébio, que reconduz Ático ao sulco usual do platonismo, falando das ideias em sentido paradigmático-demiúrgico, agora largamente corrente, como «pensamentos de Deus anteriores às coisas»([20]); e o facto de Eusébio utilizar também uma expressão singular, «causas colaterais» ou «causas concomitantes» (*paraítia*) para indicar as próprias ideias([21]), parece oferecer-nos uma certa garantia acerca da exactidão da citação: dificilmente Eusébio pode ser o autor de uma expressão tão atípica. Que devemos, pois, pensar da interpretação que Ático fazia de Platão? Talvez uma dupla posição das ideias, uma sua subsistência metafísica independente e um reflectir-se no intelecto demiúrgico? É obviamente difícil encontrar uma resposta para esta pergunta. O testemunho de Eusébio diferencia-se frequentemente de forma consistente do de Proclo, e depressa nos encontraremos de novo, a propósito de Numénio, frente a problemas análogos. As coisas, porém, acabam depois por se complicar devido ao testemunho de Siriano, que parece acusar Ático de ter dado à doutrina das ideias um tratamento que tende em excesso para a imanência: Siriano acusa, de facto, este platónico, juntamente com Plutarco e com o platónico Demócrito, contemporâneo de Longino([22]), de ter considerado as ideias como «razões ínsitas na substância psíquica», que acaba por ser uma acusação de ter reduzido as ideias a uma espécie de

---

([19]) Proclo, *In Platonis Timaeum*, I, pág. 393-4 Diehl = fr. 28 Des Places; cf. a propósito Donini, *Le scuole*, pág. 115, segundo o qual o testemunho de Proclo se justifica pelo próprio facto de que Ático, no seu anti-aristotelismo, nunca apresenta explicitamente a divindade como um intelecto.

([20]) Eusébio, *Praeparatio Evangelica*, XV, 13, 1-6 = fr. 9 D.P.

([21]) Cf. Dorrie, «Gnomon», XXIX (1957), pág. 188 (= *Platonica minora*), pág. 266, N. 3).

([22]) Siriano, *In Arist. Metaphysica*, pág. 105, 36-38 Kroll = fr. 40 D.P. Para Demócrito cfr. Des Places, *ibid.* n. 2 ao fr. 40 (pág.91).

A «Preparação»

«razões seminais», uma acusação de cosmologismo estoicizante.

Seja qual for a resposta que se der a estas perguntas, é óbvio que Ático revela uma certa tendência realista, se não no plano mais directo da metafísica, pelo menos no plano cosmológico; o seu anti-aristotelismo leva-o a negar a doutrina da eternidade do mundo, e, por conseguinte, a interpretar em sentido realista a cosmogonia do *Timeu*, a passagem da desordem à ordem. Esta passagem teria ocorrido efectivamente no tempo, num momento determinado: Proclo, atribuindo a Ático esta tese, associa-o a Plutarco de Queroneia, também ele fautor de uma idêntica interpretação realista do *Timeu*. Em Plutarco, semelhante interpretação consiste numa exegese combinatória do *Timeu* e das *Leis*: isto porque no movimento desordenado do cosmos sensível, anterior à ordem conferida pelo poder demiúrgico, defende que deve se reconhecer a presença da alma malévola, de que fala o próprio Platão em *Leg.* X, 896 e ss.[23]. Estamos perante uma concepção realístico-temporal da «criação» (obviamente, não no sentido de «produção a partir do nada», mas de produção da ordem cósmica na base da desordem primigénia) e perante uma concepção activa e psíquica da matéria, que faz dela não um puro conceito limite, um resíduo, um não-ser, mas uma potência activa que resiste e se contrapõe à acção ordenadora. Em Plutarco, reveste-se do colorido da mitologia egípcia: Osíris, Ísis, Tifão, personificam respectivamente diversos princípios platónicos, tais como os de *ón, génesis, chóra* próprios do *Timeu*, ou os de intelecto-mónada, alma-receptáculo (uma aproximação entre dois conceitos platónicos absolutamente heterogéneos), alma malévola-díade indefinida[24]. Nesta fase do platonismo, os temas platónicos estão diluídos,

---

[23] Proclo, *In Plat. Tim.*, III, pág. 196 Diehl. Cf. Festugière, *Révélation*, III, n. 4.

[24] A consultar para os diversos aspectos da concepção plutarquiana do mal R. Del Re, *Il Pensiero metafisico di Plutarco: Dio, la natura, il male*, «Studi di Filologia Classica», N.S. XXIV (1950), pág. 33-64, em part. 40 e ss., 62 e ss. Sobre Plutarco de Queroneia em geral K. Ziegler, *Plutarchos von Khaironeia*, «Real-Encycl.» XXI, 1 (1951), col. 636-962.

INTRODUÇÃO A PLOTINO

como se vê, numa pluralidade de aspectos; o cosmologismo, quer no âmbito da combinação com Aristóteles quer no da oposição a Aristóteles, domina soberano.

Pode pensar-se talvez que as influências mazdeístas tenham contribuído para acentuar a teoria da contraposição dos dois princípios cósmicos contrapostos. A doutrina de Zaratustra já era bem conhecida na cultura da época imperial e Plutarco revela ter dela um conhecimento discreto([25]). Poderiam também encontrar-se vestígios desta doutrina na expressão popular e poética do platonismo, nos assim denominados *Oráculos Caldaicos*([26]): encontramos aí uma presença do fogo demasiado constante e contínua para não sermos levados a supor alguma coisa de idêntico: o fogo tem nos *Oráculos Caldaicos* quase a mesma função que a luz terá em Plotino. O poder que irradia do intelecto, chamado na linguagem dos Oráculos de *noûs patrikós*, é denominado, conforme os casos, «fogo próprio» (fr. 3 Des Places), «o fogo primeiro, o fogo lá de cima, *epékeina*» (fr. 5 D.P.), «flor do fogo» (fr. 10, fr. 35), «fogo intelectivo» (frs. 36, 60, 81); a irradiação proveniente do intelecto é chamada «relâmpago do fogo intelectivo» (fr. 81-82). No entanto, os *Oráculos Caldaicos* talvez não passem de teoria numeniana versificada, com acentos e tonalidades numa perspectiva religiosa orientalista([27]). Nem sequer faltam neles passos teoréticos que, mais tarde, vamos encontrar em Plotino; a teoria, derivada da *Metafísica* de Aristóteles, segundo a qual existe unidade entre o intelecto e o inteligível (fr. 20 D.P.); a teoria, desta vez de derivação genuinamente platónica, da beleza do inteligível (no fr. 108 D.P. os inteligíveis são chamados «belezas inefáveis»); o tema da triadicidade, presente em vários passos (frs. 22, 23, 26 D.P.). Nada como isto, que se designou de *Proletarier-*

([25]) *De Iside et Osiride*, 369e; *De procr. animae*, 1026b.

([26]) Cf. a *Notice* de E. Des Places, *Oracles Chaldaïques*, Paris 1971, pág. 13-4 para o que se refere às possíveis influências mazdeístas.

([27]) Des Places, *Notice*, pág. 11 e ss.; com chamada de F. Cumont, *Lux Perpetua*, Paris 1949, pág. 363-4.

A «PREPARAÇÃO»

-*platonismus*([28]), pode dar uma ideia igualmente eficaz do acervo dos temas representados por este platonismo pujante, desordenado, luxuriante.

3. O «sistema» de Numénio

O filósofo platónico do século II Numénio de Apameia é autor de uma obra com o título significativo *A traição dos Académicos a Platão. Os Académicos atraiçoaram Platão.* Nela se descreve a história da Academia como a história de uma secessão, iniciada já na Academia antiga: efectivamente, diz Numénio, os seus principais expoentes, Espeusipo e Xenócrates, desde logo começaram a «torturar» as doutrinas do mestre, forçando-as de várias formas([29]). Sobreveio depois Arcesilau, com a sua doutrina da suspensão do juízo: este deveria antes classificar-se como pirroniano, embora a sua ligação pessoal ao académico Crantor tenha contribuído para que continuasse a conservar um epíteto que já não lhe estava adequado. Ainda a uma pior apreciação vai ser submetido Carnéades, retor invencível, autor de sofismas. Quando se chega à parte que talvez poderia ser para nós a mais interessante para uma delineação da história da Academia, a de Fílon de Larissa e Antíoco de Áscalon, a exposição de Numénio – pelo menos em relação àquilo que nos é referido – torna-se tão

---

([28]) Cf. Donini, *Le scuole*, pág. 41 para uma avaliação da incidência e da difusão social do platonismo na época imperial; em particular para os *Oracoli caldaici*, pág. 147 e ss. Embora predominantemente «filosofia das classes cultas», a existência daquilo a que se chamou «platonismo do proletariado» (W. Theiler, *Gott und Seele im kaiserzeitlichen Denken*, in *Recherches sur la tradition platonicienne*, «Entretiens Fondation Hardt», III, Vandoeuvres-Genebra 1955, pág. 63-90, em part. 78) mostra a possibilidade de adaptação do platonismo a um nível mais largamente difundido; sobre este ponto, inclino-me para uma posição mais atenuada do que a manifestada por Donini.

([29]) Fr. 24 Des Places (E. Des Places, *Numenius, Fragments*, Paris 1973); por Eusébio, *Praep. Evang.* XIV, 4, 16-59.

INTRODUÇÃO A PLOTINO

inconsistente que faz nascer a dúvida de que ele pudesse, de facto, colher o seu discurso de uma fonte do século I a. C., não interessada em prosseguir a sua exposição para além de Carnéades, e que ele próprio possa ter parado no limiar da Academia de Antíoco[30]. Por conseguinte, Numénio não nos presta, infelizmente, qualquer auxílio, como ao invés nos poderia ter prestado, acerca das vicissitudes da tradição platónica no período da retoma metafísica e do transcendentalismo renascido, para além do eclectismo platónico-estóico, uma fase sobre a qual são escassos os testemunhos existentes.

Para Numénio – e talvez para a sua presumível fonte – até Platão tem a sua parte de responsabilidade: efectivamente, gostava de falar por enigmas, o que tornou extremamente difícil para os discípulos a interpretação do seu pensamento. Ele «pitagorizou», ou seja, seguiu as normas de uma escola mistérica (fr. 24, pág. 64, 19 e ss. Des Places); os seus discípulos esforçaram-se, por conseguinte, por interpretar as suas palavras com resultados nem sempre felizes e nem sempre correctos e, por vezes, foram mesmo desviados da sua ambição pessoal. À sua maneira, portanto, Numénio dá-se conta, com bastante clareza, da transformação súbita da doutrina platónica no decurso da vida da escola; transformação que ele contrapõe à substancial fixidez da escola de Epicuro, tão firme – e Numénio admira-a por isso mesmo – na fidelidade à doutrina do mestre, tão unida na sua concórdia[31]. Dá-se conta, sempre à sua maneira, das dificuldades que devia comportar a recepção de um pensamento como o de Platão, intencionalmente elaborado de forma aporética, de tal maneira que a sua transmissão fiel e pacífica não se tornava fácil.

Tal como todos os outros platónicos, Numénio defende estar em posição de fornecer uma sua versão correcta da mensagem de Platão, uma versão capaz de levar à redescoberta do seu

---

[30] É de facto decepcionante o conteúdo do fr. 28 D.P. (Eusébio, *Praep. Evang.*, XIV, 0, 1-4). Para a hipótese de uma fonte antiga, cf. J. Glucker, *Antiochus and the late Academy*, Gottingen 1978, pág. 67 n. 182, 137, 305-36.

[31] Fr. 24 D. P. (pág. 63).

A «PREPARAÇÃO»

significado autêntico. O núcleo central da sua interpretação – confiado ao livro *Sobre o Bem*, um título tradicional na escola de Platão – parece consistir na identificação do Uno com o Bem, e na apresentação do «Bem em si mesmo», *auto-agathón*, assim entendido, como um Deus primeiro e supremo, que seja também inteligência, *noûs*. A sua teologia diferencia-se notavelmente da do autor do *Didaskalikós*: o Deus primeiro de Numénio não é somente o intelecto, sede dos paradigmas ideais, é uma hipóstase suprema caracterizada como Uno, Bem em si mesmo, Ser em si mesmo. A ciência suprema, diz Numénio ainda com ares aristotelizantes, é aquela que gira em torno do ser e se interroga sobre o que isso seja verdadeiramente: e o ser em absoluto é o ser simples, aquele que não sofre alterações, o ser estável e imóvel (frs. 2, 5 D.P.). Por conseguinte, acerca do ser que é antes de qualquer outro pode dizer-se que é *autoón* (ser em si mesmo); é este o nome que se deve dar ao Intelecto primeiro (fr. 17 D.P.), e esta é uma teoria que Numénio, atendo-se ao referente, Eusébio de Cesareia([32]), atribui directamente ao próprio Platão, com um vocabulário que recorda o *Timeu* e o imita, mas que na realidade depende de fontes mais tardias; uma utilização quase contemporânea de *autoón* encontramo-la, por exemplo, no comentário à *Metafísica* aristotélica de Alexandre de Afrodísia([33]). Numénio, portanto, embora vendo no Uno-Bem-Intelecto a *arché ousías*, o princípio e fonte do ser (fr. 16 D.P.), parece não hesitar em declará-lo «ser em si mesmo», em conotá-lo mediante o conceito de ser, diferentemente do que mais tarde fará Plotino.

Por este caminho nos leva, ao menos, o testemunho de Eusébio; que é assaz claro e linear, mesmo no tocante ao segundo princípio, o conceito de díade, de que Numénio faz uso, de forma a aproximar-se, neste aspecto, da tradição neopitagórica, embora, como veremos, se afaste dela em aspectos específicos. Identifica a díade com a matéria, com o eclectismo platónico--aristotélico, desenvolvendo ao mesmo tempo uma interpre-

---

([32]) *Praep. Evang.* XI, 18, 22-23.
([33]) *In Arist. Metaph.*, pág. 125, 15; cf., Des Places, *ad loc.*

tação de Platão que, como vimos, já tem as suas raízes em Aristóteles. Por um lado, a matéria, *hýle*, pode dizer-se «não--ser» pelo seu carácter de instabilidade, fluidez inapreensível, impossibilidade de permanecer sempre no mesmo estado (Frs. 3-4 D.P.); significa isto que a concepção numeniana da matéria não é caracterizada pelo matematicismo, que teria levado à identificação da *hýle*-díade com «desmesura»; o que na matéria excita Numénio é, ao invés, a indeterminação como inapreensibilidade enquanto fluidez absoluta, indeterminação que se traduz em incognoscibilidade (fr. 4a D.P.). Mas, uma vez aceite o conceito de díade, não se pode iludir o problema da multiplicidade, divisão, dispersão: desta maneira, Numénio, no intuito de diferenciar três esferas do ser, estabelecido um deus primeiro, «ser em si mesmo», e um segundo deus--demiurgo (não em si mesmo e em absoluto, mas por imitação do primeiro), identifica em seguida o «terceiro deus» com o cosmos animado por força divina e esclarece (fr. 11 D.P.) que este terceiro deus cósmico é apenas o segundo deus, na medida em que se une com a *hýle*: sendo esta, na sua essência, diádica e identificando-se com a díade, perde assim a sua unidade e torna-se susceptível de divisão e de multiplicidade([34]).

Se este é o testemunho de Eusébio, que nos permitiria uma reconstrução de conjunto relativamente unitária da doutrina de Numénio, intervém, para complicar as coisas, o testemunho de Proclo, que introduz elementos novos e não concordantes com os que até agora vimos. Isto não acontece em todos os pontos; passos como o fr. 21 D.P., onde se dá ao segundo deus o epíteto de *poietés* «produtor» e ao terceiro, o deus-cosmos, o epíteto de *poíema* «produto», parecem ainda estar em concordância com o testemunho eusebiano: sobretudo a terceira hipóstase, aquela que mais tarde vai ser a alma da hierarquia plotiniana, não apareceria aqui totalmente esclarecida. Existe uma divergência fundamental entre o Numénio de Eusébio e o de Proclo, no tocante à relação entre o deus primeiro e o pensamento. Se este

---

([34]) Mais uma vez Eusébio, *Praep. Evang.*, XI, 17, 11-18.

A «PREPARAÇÃO»

no testemunho de Eusébio é intelecto (frs. 17, 20 D.P.) e é próprio dele o *phroneîn* (no sentido platónico do termo), como acto do pensar noético, «*intelligere*» (Fr. 19 D. P.)([35]), no testemunho procliano a relação entre o ser em si mesmo e o pensar apresenta-se um tanto diversamente e de forma mais complexa: efectivamente, Proclo afirma que Numénio identifica o deus primeiro com o «Vivente em si mesmo» do *Timeu* (*autó ó esti zôon*), mas que esta entidade suprema só secundariamente se torna pensante, portanto intelecto, na medida em que se serve como de um instrumento do segundo deus, por um acto de *próschresis* (fr. 22 D.P.). De um acto semelhante de *próschresis* (isto é, por uma espécie de «utilização adicional»)([36]) se serve, depois, o segundo deus para exercer no cosmos a actividade demiúrgica. Deve, pois, pensar-se, contanto que se tenha por válido este testemunho, que o primeiro deus de Numénio não possui como próprio e específico o atributo do pensamento; este pertence antes ao segundo deus, que, no acto do pensamento, se torna instrumento do primeiro; quanto ao terceiro deus, também ele não poderia assim continuar a considerar-se, o que acontece graças à referência de Eusébio, como identificando-se com o próprio cosmos vivo e animado; pelo contrário, haveria em Numénio uma distinção bem nítida entre alma, princípio vivente de que se vale o deus-demiurgo, e o cosmos ordenado que daí deriva.

Porfírio, na sua *Vida de Plotino*, conta que este foi acusado de ter plagiado Numénio (*Vida*, 17, 1 e ss.). Efectivamente, a darmos crédito pontualmente ao testemunho de Proclo, deveríamos admitir que a doutrina de Numénio antecipa sensivelmente em vários pontos a de Plotino, sem todavia deixar de

---

([35]) *Ibid.*, 22, 6-8. *Phroneîn e phrónesis*, neste sentido, dependem claramente da linguagem platónica, em que *phrónesis* tem um significado francamente teorético; cf. por ex., *Tim.* 34a, 2; *Epist. VII*, 344b 7 (em ambos os passos a palavra está ligada a *noûs*).

([36]) É este o significado da singular palavra aqui utilizada por Proclo, *In Platonis Timaeum*, III, pág. 103, 28-32 Diehl; um bom comentário ao passo de Proclo encontra-se em H. R. Dodds, *Numenius and Ammonios*, in «Entr. Fond. Hardt», V, 1960, pág. 3-32, em part. 13 e ss.

INTRODUÇÃO A PLOTINO

apresentar algumas diferenças([37]). Não estamos aqui perante um deus superior (intelecto) e um deus inferior que se duplica no cosmos mediante a mistura com a *hýle diás*, mas perante três hipóstases bem precisas; a primeira delas, pela sua essência, parece superior ao próprio intelecto demiúrgico mediante a simples identificação com a esfera suprema do ser, sem quaisquer outros atributos imediatos e primários; embora não estejamos ainda perante o Uno inefável de Plotino, superior não só ao pensamento mas ao próprio ser, é óbvia a aproximação àquela que será a perspectiva neoplatónica. A interpretação de Numénio que nos é fornecida por Eusébio, apesar de rica em motivos novos no que se refere ao quadro do platonismo médio cosmologizante, não se destaca ainda dele de forma radical, ao passo que a referência aduzida por Proclo parece indicar um passo em frente no caminho da hierarquização metafísica das essências. E quanto à teoria da *próschresis*, vê-la-emos reaparecer na *III Enéade* de Plotino, num contexto significativo que poderia ser uma reminiscência numeniana([38]). Nada, porém, nos impede de pensar o contrário, ou seja, que Proclo, na plenitude da exegese neoplatónica e carregado de um conceptualismo integral ulterior, possa ter visto Numénio através de Plotino, forçando o tom da sua especulação filosófica e interpretando-a livremente. E que em Numénio não se deva ler de modo algum o mais tardio monismo transcendente neoplatónico poderíamos deduzi-lo de outro testemunho que possuímos, desta vez o do retor-filósofo Calcídio, contemporâneo de Eusébio, comentador do *Timeu*: testemunho que nos oferece um Numénio diferente quer do de Eusébio, quer do de Proclo, mas com certeza mais próximo da imagem do Numénio medioplatónico do que da imagem do Numénio neoplatónico. Podemos, aparentemente, concluir daqui que a imagem de Numénio no século IV não está ainda comprometida a fundo com o neoplatonismo, oferecendo-nos maiores garantias de credibilidade.

([37]) O problema da relação Plotino-Numénio in R. Beutler, *Numenius v. Apamea*, «Real-Encycl.», Supl. VII (1940), col. 664-78, em part. 669 e ss.
([38]) *Enn.* III, 9, 1, 15-20. Cf. ainda Dodds, «Entretiens», V, pág. 19.

A «Preparação»

Diz-nos Calcídio que Numénio, apesar da sua tendência para o monismo, continuava a dar valor de princípio ao segundo princípio, a díade (fr. 52 D.P.). Rejeitava a teoria neopitagórica de que já falámos, recolhida por Alexandre Poliístor e dada a conhecer por Diógenes Laércio, teoria que mostra o segundo princípio como gerado pelo primeiro, retirando-lhe assim o carácter verdadeiro e próprio de princípio. Neste caso, diz ele, a unidade suprema («*unica singularitas*») deveria perder a sua natureza para se tornar díade, «*migrare in duitatis habitum*»; enquanto, pelo contrário, a díade indefinida é princípio e deve entender-se como «*minime genitam*». Esta doutrina dos dois princípios é atribuída explicitamente por Numénio a Pitágoras como iniciador e depois a Platão, «*cui (Numenius) concinere dicit dogma platonicum*»: é um tipo de exegese que tem as suas raízes na Academia antiga[39]. A díade identifica-se com a própria matéria, *hýle*, «*silva*», e é co-eterna ao primeiro princípio, Uno ou mónada; é não gerada e primária. Assim como a Mónada primeira se identifica com o Bem, assim a matéria é causa do mal e ela própria intrinsecamente mal, «*maligna*», «*malitia praedita*», raiz de indeterminação e de desordem. Mónada e díade são o princípio masculino e o princípio feminino do universo, de tal maneira que o mundo nasce de uma mistura de bem e de mal, bem de origem paterna, mal de origem materna[40]. Neste ponto, insere-se em Numénio a exegese das *Leis* de Platão que o aparenta com Plutarco, com Ático, com o platonismo do século II, com as suas características cosmológicas e psicológicas realistas: Platão falou justamente de

---

[39] Calcídio, *In Platonis Timaeum*, 295-299, pág. 297-301 Waszink; sobre a conivência entre pitagorismo e platonismo e as suas origens bastante longínquas cf. cap. I, nota 22.

[40] As origens deste tema remontam ao pitagorismo neoplatónico: cf. Aristóteles, *Metaph.* I, 986a sobre o par de princípios «macho-fêmea» (macho como limite, fêmea como indefinido). No *Timeu* de Platão, o demiurgo é chamado «pai», enquanto a *chóra* é chamada «nutriz» (49a) e mãe (51a); também a metáfora do «receptáculo», palavra do género feminino em grego, *dexamené* (53a) ou *hypodoché* (49a, 51a, 52d) faz apelo à ideia do seio materno.

uma alma maligna do universo, mas entendia por tal uma espécie de «alma da matéria», «*silvae anima*»; é chamada «*anima*» impropriamente, pois na realidade deve identificar-se com a própria matéria, a matéria que cria na alma a paixão e nela introduz o correspondente psíquico da corporeidade («*aliquid corpulentum mortaleque et corporis simile*») E a matéria, ou «a alma da matéria», é maligna e malvada; não é puro não--ser, antes possui uma sua realidade substancial, é dotada de uma força própria, de um seu «*naturale vitium*» resistente ao bem.

O esforço dualista de Numénio aparece aqui de forma notável. Ele tenta «*nudam silvae imaginem demonstrare*», procura colher a essência da matéria na sua primaridade absoluta; neste esforço parece ter transitado de uma representação mais corrente da matéria como fluidez e não-ser (descoberta por nós na apresentação de Eusébio) para uma representação da matéria como potência maléfica activa. Para esta, serve-se do princípio platónico-académico de díade indefinida, mas é um conceito de díade também aqui despojado de qualquer carácter matemático, reconduzido a uma dimensão psíquico-cósmica que parece prescindir de todo o matematicismo típico da Academia antiga e xenocrático. De Xenócrates, pode ser retomado, quando muito, um tema: a tendência, de que nos fala a doxografia, para ver os princípios metafísicos reflectir-se no cosmos sob a forma de duas grandes forças operando a dois níveis diversos, o da inteligência ordenadora e o da vitalidade psíquica[41]. Muitas coisas aconteceram, porém, entre Xenócrates e Numénio: e enquanto Xenócrates não faz outra coisa senão interpretar o *Timeu* a seu modo, Numénio recolhe todas as achegas de uma tradição platónica tardia e amadurecida. Provavelmente, não apenas esta: seria difícil avaliar o papel desempenhado pelas influências gnósticas e orientalizantes na concepção da alma material maléfica: sabemos que Numénio, pela

---

[41] Remeto para Xenócrates-Hermodoro, *Frammenti*, pág. 400 e ss. (em desacordo com Kramer, *Ursprung d. Geistmetaph.*, pág. 63 e ss. e em geral o cap. I, onde a relação de dependência de Numénio frente a Xenócrates aparece forçada além de limites razoáveis).

sua proveniência e pela sua formação, era um homem aberto a todas as influências, conhecia o Antigo e o Novo Testamento, comprazia-se com os sincretismos abertos, com a assimilação de Moisés ao mítico Museu ou, sob outro aspecto, a Platão, definido como uma espécie de «Moisés falando ático»([42]). A variedade destes testemunhos sobre ele fortalecem em nós a convicção de que, nesta riqueza de temas que caracteriza o seu pensamento, existe certamente alguma coisa que pode ter falado a Plotino e onde este foi buscar o seu ponto de partida; mas parecem também, no seu conjunto, garantir-nos uma certa adesão a uma temática anterior ao próprio Plotino e ligada a desenvolvimentos cosmológico-religiosos da época em que viveu, temática que Plotino, um pouco mais tarde, teria em parte inovado profundamente, em parte rejeitado de modo decidido.

([42]) Fr. 8 D. P. (de Eusébio, *Praep. Evang.* XI, 10, 12-14). Cf. P. Hadot, *Porphyre*, I, Paris, 1968, pág. 291, n. 1.

III. Plotino: a Escola e a Obra

1. A escola de Plotino

Sabe-se muito pouco acerca do mestre de Plotino, Amónio Sacas. Diversas suposições se têm apresentado acerca do seu nome, todas com o valor de meras hipóteses; na realidade, desconhecemos a sua proveniência e as informações prestadas pela tradição cristã são bastante suspeitas[1]. Amónio nunca passou a escrito a sua doutrina. No século III d. C., abster-se da escrita tinha indubitavelmente um significado bastante diverso daquele que poderia ter tido no século V a. C., pelo que a comparação com Sócrates seria absolutamente descabida. A cultura da Atenas democrática e em geral das cidades gregas pré--helenísticas, onde era enorme a importância da palavra viva,

---

[1] Eusébio, *Hist. Eccles.* VI, 19, 7; Teodoreto, *Graecarum affectionum curatio*, VI, P. G. LXXXIII, col. 997; informação aceite por J. Freudenthal in «Real-Encycl.», I, 2 (1894), col. 1863; para uma apreciação mais moderna do problema Amónio (muitas têm sido as hipóteses fantasiosas sobre esta personagem e sobre o seu insólito nome, Sacas), cf. H. Dorrie, *Ammonios der Lehrer Plotins*, «Hermes», LXXXIII (1955), pág. 439-47 (também in *Platonica minora*, pág. 324-60); muito recentemente, H. R. Schwyzer, *Ammonios Sakkas der Lehrer Plotins*, «Rhein-Westfal. Akademie d. Wissenschaften», 260, 1983.

INTRODUÇÃO A PLOTINO

falada, do discurso oral, comparativamente com a trabalhosa difusão do documento escrito, é uma entidade que, sob este aspecto, não se pode comparar com a cultura da época imperial: esta última tinha assumido – processo, aliás, que tem as suas raízes na época helenística – um carácter livresco e comentarista, fundamentada como estava na leitura, na interpretação e no comentário dos textos antigos; o próprio platonismo assumira já tradicionalmente a forma de um constante comentário dos diálogos platónicos, no intuito de neles encontrar motivação para ulteriores desenvolvimentos doutrinais. Por conseguinte, enquanto o discurso oral de Sócrates é um discurso eminentemente «exotérico», com valor de ensino aberto e público, o discurso oral praticado por um filósofo platónico, neste tipo de sociedade e de cultura e no âmbito de uma determinada escola, não podia deixar de assumir um carácter «esotérico», de tipo pitagorizante. E muito mais ainda, se se pensar que, segundo conta Porfírio (*Vida de Plotino*, 3, 24), os três discípulos de Amónio, Plotino, Orígenes e Herénio, tinham estabelecido entre si um pacto de não divulgarem as doutrinas do mestre; o que parece conferir à decisão de Amónio de não passar a escrito os seus ensinamentos uma vontade de comunicação muito reservada, destinando-os a um círculo restrito, que não deveria difundi-los. Conta Porfírio que Herénio foi o primeiro a quebrar esse pacto – o que suscitou a infidelidade também por parte de Orígenes e, em seguida, de Plotino.

O pouco que sabemos sobre Orígenes (não se confunda com o escritor cristão Orígenes, também ele, ao que parece, discípulo de Amónio)[2] interessa-nos não só pela figura deste platónico heterodoxo, mas porque, indirectamente, nos pode esclarecer também acerca da doutrina do seu mestre; parece, de facto, ter-se mantido mais próximo dos ensinamentos de Amónio do que Plotino. Era autor de uma obra intitulada *Só o demiurgo é*

---

[2] A crítica actual rebateu a hipótese aventada por R. Cadiou, *La jeunesse d'Origène*, Paris, 1935, a favor da identificação entre os dois filósofos. Cf. W. Theiler, *Ammonios der Lehrer des Origenes*, in *Forschungen zum Neuplatoniker. Versuch einer Interpretation*, Munique, 1962, em part. pág. 17-40.

rei, ou seja, provavelmente assim o devemos entender, é o primeiro e supremo princípio[3]; este título remete-nos para um tema que deve ter sido central no ensino de Amónio, visto que, segundo o testemunho do platónico Hierocles, conservado na obra de Fócio[4], sabemos que Amónio via no deus supremo o *poietés* ou demiurgo, o pai, o rei; achava, pois, que a essência do Deus primeiro consistia no agir criativo e providencial. E não só: Amónio, segundo parece, defendia uma teoria absolutamente heterodoxa no âmbito do pensamento grego e falava de um acto de vontade do *poietés,* que teria produzido a génese do cosmos, sem que fosse pressuposto algo de existente, *ek medenós proüpokeiménou.* Isto levou a pensar numa possível origem hebraica de Amónio, ou de contactos com o pensamento cristão. Talvez Orígenes tenha escrito a sua obra em polémica com Plotino, considerando que este estava a desviar-se da doutrina do mestre, no intuito de a confirmar e defender. Outros testemunhos da sua relativa heterodoxia, no âmbito da tradição platónica, têm Proclo por fonte: na sua *Teologia platónica*, censura uma exegese do *Parménides* diversa da de Plotino, que posteriormente passou a constituir um *tópos* no neoplatonismo mais tardio: Orígenes não reconhecia na primeira hipótese do *Parménides* a teoria do Uno inefável acima do ser, interpretava-a negativamente, no sentido da não existência do Uno[5]: uma forma bastante significativa, na linguagem filosófica neoplatónica, de negar a teoria plotiniana do Uno, ou seja, a recusa de a reconhecer em Platão.

A polémica de Orígenes contra Plotino na obra *Só o demiurgo é rei*, se realmente existiu, não visa a obra escrita do próprio Plotino. Se, efectivamente, Orígenes tinha quebrado antes de Plotino o pacto da oralidade, este último não podia ter já iniciado a passagem a escrito das suas obras: podemos supor que

---

[3] H. R. Schwyzer, *Plotinos*, «Real-Encycl.», XXI, 1 (1951), col 471-592, em part. 479; podem também considerar-se ultrapassadas algumas hipóteses de interpretações mais antigas (de Cobet, Bréhier).

[4] *Bibliotheca*, cód. 251, pág. 461a, 31 e ss. = cód. 214, pág. 172 a 3 e ss. Outros testemunhos in Nemésio, *De natura hominis*, II, 29; III, 56.

[5] H. D. Saffrey – L. G. Westerink, Proclus: *Théologie platonicienne*, Paris, B. L., 1974, II, pág. 31 e ss; cfr. Intr. pág. xix.

INTRODUÇÃO A PLOTINO

a polémica tinha por alvo um ensino oral de Plotino no interior da escola, que começava a diferenciar-se do ensino do mestre. Através de Porfírio, sabemos, de facto, que Plotino começou a escrever bastante tarde, nunca antes de 253, ano em que se transferiu para Roma[6]. Nascido em 205, talvez em Licópolis (não deixa de ser curioso que Porfírio, tão minucioso na sua *Vida*, nada nos diga a este respeito)[7], passou dez anos em Alexandria como discípulo de Amónio, de 233 a 243, interrompendo a sua residência naquela cidade para acompanhar Gordiano na sua expedição contra os Persas: segundo Porfírio, o objectivo desta participação teria sido o interesse que nutria pelas filosofias da Pérsia e da Índia, e talvez a esperança de alcançar este último país, onde, aliás, não chegou. Regressado felizmente a Roma, depois da sua fuga após o assassinato de Gordiano, abriu ali uma escola, à qual, dez anos mais tarde, em 263, aportou o discípulo sírio Porfírio, o biógrafo a quem ficámos a dever – sem dúvida, um mérito extraordinário – informações acerca da biografia de Plotino, como não temos outras de nenhum outro filósofo do mundo antigo.

Porfírio conta ter já encontrado redigidos por Plotino 21 tratados, e que, durante os seis anos que permaneceu junto dele em Roma, redigiu mais 24; outros nove teriam sido redigidos entre 268 e 270 («nos dois primeiros anos do império de Cláudio»); em seguida, Plotino, tendo adoecido, retirou-se para a Campânia, junto do fiel discípulo médico Eustáquio, vindo a falecer pouco depois. Trata-se dos 54 escritos que, como mais adiante veremos melhor, Porfírio ordenou em seis grupos de nove, para formar as *Enéades*, embora este título talvez não se deva ao próprio Porfírio[8].

---

[6] Sobre os problemas levantados pela datação cf. Schwyzer, *Plotinos*, col. 473-474.

[7] Cf. R. Harder, *Zur Biographie Plotins*, in *Kleine Schriften*, Munique 1960, pág. 275-95, em part. pág. 278, acerca das incertezas que se mantêm a propósito.

[8] Aparece pela primeira vez como título no *Léxico* de Suidas e nos escólios ao *De mysteriis* de Jâmblico; o nome primitivo, plotiniano, deve ter sido *Lógoi* ou *Pragmateîai*. Cf. Schwyzer, *Plotinos*, col. 486.

A presença de Porfírio na escola foi importante para uma versão ordenada dos escritos de Plotino, embora talvez não tão decisiva como o discípulo procura fazer-nos acreditar: Plotino escrevia de um fôlego, sem revisões. Coube a Porfírio a tarefa de ordenar externamente os escritos, mesmo os mais tardios, que Plotino continuou a submeter à sua revisão, enviando-lhos para a Sicília, onde Porfírio se tinha instalado (*Vita*, 24, 2 e ss.).

A escola de Plotino em Roma foi uma livre reunião de amigos filósofos, sem qualquer organização exterior. Plotino vivia em casa de uma viúva rica, Gemina, sua discípula, casa que depressa se transformou num centro de refúgio e de socorro; a menos que a informação de Porfírio, segundo a qual viviam com ele muitos jovens órfãos, indique tão-só que ele fora instituído juridicamente curador testamentário dos jovens, por parte de famílias nobres romanas. Em todo o caso, prova-se que este homem, voltado para o eterno e para o transcendente, era também dotado de sentido prático e organizativo, visto que Porfírio (*Vida*, 9, 5 e ss.) o descreve entregue à tarefa de zelar e administrar tudo quanto dizia respeito aos jovens que lhe tinham sido confiados. Também não faltam provas do seu interesse pela política, embora o episódio narrado por Porfírio seja demasiado sucinto para dele podermos retirar conclusões precisas. Tendo travado amizade com o imperador Galieno e sua esposa, Salonina[9], parece ter conseguido do imperador, numa primeira fase, autorização para fundar uma cidade sobre as ruínas de outra na Campânia, uma cidade de um novo tipo, inspirada nas leis de Platão e denominada Platonópolis (*Vida*, 12, 1 e ss.). Só vagamente podemos conjecturar o que pensava fazer Plotino de semelhante cidade: será que pretendia fazer dela uma verdadeira cidade-modelo, experimentando na prática a eficácia dos ensinamentos políticos platónicos, ou um retiro para

---

[9] Cf. G. Pugliese Carratelli, *Plotino e i problemi politici del suo tempo*, in *Plotino e il Neoplatonismno in Oriente e in Occidente*, Roma 1974, pág. 61-70, em part. pág. 65.

INTRODUÇÃO A PLOTINO

os filósofos, uma espécie de «convento pagão» para ele e para os amigos, as viúvas e os órfãos?([10]) Se tivesse sido este último o seu projecto, Porfírio teria falado dele noutros termos e talvez o projecto não tivesse também encontrado a hostilidade com que deparou entre os cortesãos de Galieno, de tal forma que nunca se concretizou. Pode ter acontecido, efectivamente, que Plotino tivesse a intenção de experimentar, numa sociedade urbana restrita, a possibilidade de os filósofos no governo criarem uma sociedade correcta, uma comunidade modelo, para contrapor à sociedade corrupta e desordenada em que vivia. Supôs-se que, entre os motivos da sua retirada para a Campânia, um pouco mais tarde, não fosse apenas a doença – da qual, por outro lado, Porfírio nos oferece um relatório cruamente realista – mas também a perseguição a que foram sujeitos os amigos de Galieno([11]) à chegada do novo imperador, Cláudio. Porfírio ter-se-ia intencionalmente calado, para não lançar qualquer sombra, ainda que indirecta, sobre a figura de Plotino, que desejava apresentar como universalmente amado.

Em relação aos seus discípulos, Plotino parece ter sido dominado pelo equilíbrio e pelo bom senso, apesar do elevado grau de tensão psicológica que devia reinar na escola. Quando Porfírio, cedendo às solicitações desta atmosfera, foi afectado por uma depressão nervosa e deu a entender ao mestre a sua propensão para o suicídio, este aconselhou-o realisticamente a abandonar a escola e a empreender uma viagem; Porfírio transferiu-se então para a Sicília e nunca mais voltou a ver o mestre (*Vida*, 11, 11 e ss.). Apesar das inevitáveis concessões às sugestões místico-mágicas dos tempos, não parece, no entanto, que na escola o ritual religioso tivesse uma parte relevante. Plotino desaprovava o uso gnóstico da magia, embora pessoalmente pareça não ter estado isento de alguma forma de crença em poderes ocultos, como se pode inferir do episódio do

---

([10]) E. Bréhier, *Plotin: Ennéades*, Paris 1924, I, Introduction, pág. xii, supôs a influência sobre Plotino da descrição feita por Fílon de Alexandria das comunidades conventuais dos Essénios e dos Terapêuticos. Cf. R. Harder, *Zur Biographie Plotins*, pág. 285-6.

([11]) Pugliese Carratelli, *Plotino e i probl. pol.*, pág. 66.

PLOTINO: A ESCOLA E A OBRA

ex-condiscípulo junto de Amónio, Olímpio de Alexandria, acusado de maquinações obscuras contra a saúde do próprio Plotino (*Vida*, 10, 1 e ss.)([12]). Mais interessante é outro episódio contado por Porfírio: Plotino autorizou que um sacerdote egípcio, no templo de Ísis em Roma, efectuasse a evocação do seu *dáimon*; em vez do *dáimon*, teria surgido um deus, perante a estupefacção do sacerdote, que, por outro lado, tentou em vão apresentar algumas questões à divindade (*Vida*, 6, 1-5). Este episódio possui um significado simbólico bastante claro, centrado na figura do próprio Plotino: Porfírio via em Plotino, da mesma forma que em Pitágoras ou Platão, um homem extraordinário e semidivino, um *daimónios*, de tal maneira que, acima de si, só poderia ter a própria divindade como guia([13]). Por outro lado, não há motivos para acreditar que o episódio não ocorreu efectivamente, e que a narrativa será privada de fundamento histórico: a vida escrita por Porfírio é uma narrativa fiel e verídica, embora alguns passos precisem de ser interpretados. Também não neste caso, de qualquer modo, vemos que Plotino não se dedicou pessoalmente a práticas mágicas, mas que as permitiu: uma atitude de tolerância e condescendência, não de iniciativa.

A escola de Plotino foi largamente frequentada desde o início, incluindo adeptos de correntes religiosas variadas e defensores de tendências apocalípticas; destes falaremos mais adiante, referindo a polémica de Plotino contra os gnósticos, pois foi sobretudo contra estes que apontou a sua refutação, deixando aos discípulos a tarefa de refutar outras tendências religiosas (como é fácil intuir, tratava-se de um autêntico e apropriado programa de purificação racionalista, de defesa do platonismo como concepção filosófico-religiosa frente aos assaltos do irracionalismo). A polémica surge inicialmente dirigida contra amigos e simpatizantes da escola, que Plotino deseja afastar das suas crenças; em seguida, torna-se pouco a pouco mais

---

([12]) A propósito, A. H. Armstrong, *Was Plotinus a Magician?* «Phron.», I (1955-6), pág. 77-9; P. Merlan, *Plotinus and Magic*, «Isis», XLIV (1953), pág. 341-8.
([13]) E. R. Dodds, *The Greek and the Irrational*, Berkeley 1950, Ap. II. Cf. este tema nas próprias *Enéadas*, III, 4, 6.

INTRODUÇÃO A PLOTINO

áspera para, finalmente, se calar: os discípulos rebeldes haviam abandonado a escola[14]. Esta, aliás, deve ter assistido ao abandono dos elementos indesejáveis, principalmente nos últimos anos, depois da partida de Porfírio. A participação fora bastante variada: iam ouvir Plotino médicos como Eustáquio, Paulino e Zeto, poetas como Zótico, um antigo retor que, em seguida, se dedicou à vida prática, Serapião, senadores como Marcelo Orôncio, Sabinilo, Rogaciano; particularmente em relação a este último, Plotino parece ter exercido uma autêntica função de director de consciência, provocando nele uma verdadeira conversão à filosofia como vida de renúncia e de ascese (no entanto, a «conversão à filosofia» não é típica da escola tardo-antiga, tem raízes mais longínquas: o exemplo mais clamoroso na escola de Platão remonta à Academia antiga, é a conversão do jovem Pólemon, operada por Xenócrates)[15]. Os discípulos mais directos, os filósofos no sentido estrito, Porfírio, Amélio, o ambíguo Olímpio, já tinham todos deixado a escola quando Plotino se retirou para a Campânia; parece que só Eustáquio ficou junto dele. Quer fosse devido a motivos puramente pessoais (o declínio físico do próprio Plotino), ou doutrinais (o afastamento de um grupo contra o qual ele tinha polemizado), para-políticos (o facto de Plotino ser visto como amigo do falecido imperador Galieno), ou por todos estes motivos em conjunto num concurso de circunstâncias, a crise da escola é um facto comprovado: em 270, quando morreu, Plotino deixava uma filosofia destinada a ter um extraordinário destino, mas não deixava um círculo organizado de seguidores[16].

---

[14] H. C. Puech, *Plotin et les gnostiques*, in «Entr. Fond, Hardt», V, pág. 161-74, e a Introdução de V. Cilento, *Paideia antignostica*, Florença 1971.

[15] Textos in Xenócrates-Hermodoro, *Frammenti*, 42 e ss.

[16] Representação viva da escola de Plotino, da sua crise, da decadência do próprio Plotino in Bréhier, *Enn.* I, Introd., pág. vi-xiv.

2. A construção da obra de Plotino

A *Vida de Plotino* foi escrita tardiamente, trinta anos depois da sua morte[17]: entre 301 e 305, nos últimos anos da vida de Porfírio. Também a edição definitiva das *Enéades*, tal como a possuímos, foi feita por Porfírio bastantes anos após a morte de Plotino. Porfírio afirma ter encontrado com alegria na obra de Plotino o entrelaçamento admirável de dois números, o 9 e o 6, esquecendo que, para obter esses números, precisou de forçar alguns textos: os três tratados sobre a alma formavam decerto uma unidade, como também os tratados antignósticos, hoje dispostos separadamente no corpo da obra; tratados diminutos, como o IV, 1, foram obtidos, desincorporando-os de tratados precedentes, neste caso III, 9; e assim por diante[18]. De qualquer maneira, obtém um quadro sistemático de conjunto, seis livros divididos em nove tratados cada um, onde o material foi disposto segundo o que melhor parecia, sob o aspecto de conteúdo. Mas Porfírio indicou-nos também, como adiante veremos melhor, a ordem cronológica exacta dos escritos; é um dado precioso para a nossa reconstrução do pensamento de Plotino no seu articulado e das etapas do seu ensino.

Houve evidentemente edições pré-porfirianas: o próprio Porfírio nos refere uma, feita por Amélio (*Vida*, 20, 4-7). Um precioso escólio às *Enéades* (IV, 4, 29), em alguns manuscritos, remete-nos para uma edição feita pelo médico Eustáquio, e diz-nos que naquele ponto na edição de Eustáquio se fazia a divisão entre a primeira e a segunda parte do tratado[19]; e poderia acontecer, ainda que não se possa provar, que algumas citações plotinianas de Eusébio, que não se enquadram absolutamente no nosso texto plotiniano, provenham desta edição,

---

[17] Schwyzer, *Plotinos*, col. 472.

[18] Schwyzer, *Plotinos*, col. 487-489.

[19] Sobre a edição de Amélio cf. o próprio Porfírio, *Vita Pl.*, 20, 4-7; o escólio citado diz que a edição de Eustáquio tinha não só divisões diferentes, mas diferentes títulos, pelo menos para alguns tratados.

INTRODUÇÃO A PLOTINO

e não da de Porfírio[20]. Nem nos falta outra fonte importante para o pensamento de Plotino, a denominada *Teologia*, um texto que chegou até nós através da tradição árabe, texto que levantou graves problemas: fonte independente ou paráfrases das *Enéades* porfirianas? A crítica parece hoje orientar-se de preferência para esta segunda hipótese – o que reduziria muito a importância do documento[21]; cingir-nos-emos aqui a estes resultados, pois a avaliação da questão exigiria um exame crítico que extravasa os nossos objectivos.

Da análise dos escritos de Plotino recolhidos nas *Enéadas* – e isto ressalta ainda mais se tentarmos devolver-lhes a sua autêntica ordem cronológica, libertando-os de uma ordenação forçada – sobressai claramente o seu carácter: uma série de desenvolvimentos livres, de nenhum modo organizados de forma sistemática, redigidos, como o próprio Porfírio afirma (*Vida*, 5,60), «conforme os problemas se iam ocasionalmente apresentando»; representando «hipóteses que iam ocorrendo» (*Vida*, 4, 11) e propostas aos ouvintes. A tentação de se estabelecer uma comparação com Platão e com a redacção livremente problemática e não sistemática dos diálogos seria muito forte; mas as analogias não se devem exagerar e qualquer comparação com Platão deve ser feita com grande cautela. Entre o modo de filosofar de Platão e o de Plotino subsistem diferenças radicais de ordem histórica. Tais diferenças reflectem-se, antes do mais, na própria forma do desenvolvimento: os desenvolvimentos de Plotino também são, em certo sentido, dialógicos, mas é um diálogo de tipo bastante diverso do diálogo mantido pelas personagens de Platão: é o diálogo típico da escola, formado

---

[20] É a hipótese de Henry e Schwyzer a propósito de Eusébio, *Praep. Evang.* XV, 10 e 22 (P. Henry – H. R. Schwyzer, *Plotini Opera*, Paris-Bruxelas 1951, I, pág. viii-x, com referência a estudos mais específicos); confirmação, contra Theiler, in Schwyzer, *Plotinos*, col. 489.

[21] Sobre as informações acerca deste texto, descoberto por Fr. Dieterici em 1882, cf. Schwyzer, *Plotinos*, col. 499 e ss. (col. 505, em part. para a não aceitação da hipótese aventada por Henry de que as inexactidões do texto dependem do facto de se basear directamente no ensinamento oral de Plotino, mal compreendido).

pelas perguntas feitas e pelas respostas ou propostas de solução, com um andamento por vezes estritamente didáctico, outras, semelhante a uma diatribe. A abordagem que Plotino faz dos problemas está mais próxima, pela sua estrutura e pela sua elaboração, de um Epicteto – para citar um autor cujos vestígios de influência é possível encontrar nas *Enéades*, e cujas lições, transcritas por Arriano, são nossas conhecidas por motivos análogos aos que nos permitiram conhecer as *Enéades*([22]) – do que de Platão, que, no entanto, é o seu ponto de referência constante. Contudo, há uma diferença mais substancial – e este é um dado de facto que surge, por assim dizer, independentemente das figuras dos dois pensadores – é que, enquanto Platão não pressupõe qualquer sistema nem qualquer tradição organizada, Plotino pressupõe um sistema que se foi gradualmente formando, como tentámos delinear, através de uma tradição secular e sobre este sistema, como numa base segura, é que assenta o carácter episódico da sua filosofia. A gradação do ser a partir do princípio ou princípios supremos, a inteligência demiúrgica, as ideias, a alma do mundo, são já momentos de um complexo hierarquicamente organizado, cuja posição ou fisionomia pode sofrer variações e revisões, de acordo com as diversas perspectivas filosóficas, mas que já não são fundamentalmente postas em causa por nenhum filósofo que pretenda professar-se platónico. Por conseguinte, se Platão constrói vez por vez livremente, Plotino trabalha apoiado por uma tradição constituída, que ele inova, critica, modifica, traduz numa nova linguagem, mas de cujas linhas mestras não se afasta e da qual constantemente depende. Não é, porém, neste sistema que consiste a originalidade de Plotino, mas sim nas suas pessoalíssimas soluções únicas, vivas, variadas, para questões específicas que se vão levantando no âmbito geral do sistema, e no espírito novo que soube infundir ao complexo das três hipóstases, a começar pela sua substancial reforma do platonismo, que é a distinção radical entre Uno e Inteligência, fim de todo o compromisso ambíguo com o aristotelismo.

([22]) Bréhier, Introd., pág. xxxiii.

INTRODUÇÃO A PLOTINO

Os tratados de Plotino não são transcrições das lições, são escritos por ele, redigidos de um fôlego, e, como dissemos, revistos e sistematizados por Porfírio, quanto ao aspecto da correcção exterior([23]). Isto não significa que neles não se reflicta ao vivo o ensino ministrado por Plotino na escola: este está sempre presente na redacção dos tratados, e a sua escrita conserva a recordação da escola. Plotino parece ter concebido o ensino como resposta a uma solicitação contínua, que podia originar-se em textos lidos e comentados, bem como em questões que lhe eram propostas pelos discípulos. A atitude de Plotino para com os seus discípulos está atestada particularmente num capítulo da *Vida* porfiriana (13, 12 e ss.), onde se conta que um tal Taumásio, que tinha começado a frequentar a escola, protestou contra o hábito de Plotino responder a questões apresentadas por Porfírio, em vez de falar *ex cathedra*, afirmando que estava ali para ouvir o próprio Plotino, e não os outros; este respondeu que, se os discípulos não o interpelassem, propondo-lhe questões e problemas, não lhe vinha nada à mente para dizer. Uma vez que os discípulos, como vimos, formavam um círculo onde estava representada uma gama cultural bastante ampla, não se falava só de filosofia em sentido restrito à escola de Plotino: ocasionalmente, fazia-se a leitura de exercícios retóricos, como a apologia de Alcibíades do *Banquete* platónico, que suscitou a indignação do filósofo (*Vida*, 15, 5 e ss.), ou exercícios poéticos, como o do próprio Porfírio – desta vez aprovado por Plotino – sobre a *Hierogamia* (15, 1 e ss.); sabemos até quem era o poeta pupilo predilecto de Plotino, um tal Pólemon, falecido muito jovem. Os discípulos mais íntimos debatiam questões consideradas essenciais para todo aquele que desejasse considerar-se discípulo de Platão. Porfírio conta que anteriormente era de opinião que os inteligíveis, as ideias, existiam fora da Inteligência transcendente; sinal de que a famosa questão ainda era debatida no século III, e não tinha uma solução pacífica. A sua primeira atitude em

---

([23]) Mais uma vez Bréhier, *ibid.*, pág. xxx e ss.; Armstrong, Plotinus, in *Cambridge History*, pág. 219, com algumas diferenças.

relação a Plotino foi uma refutação da teoria defendida pelo próprio Plotino, ou seja, de que a Inteligência primeira se identifica com o complexo dos inteligíveis nela sediados; e isto, diz ainda Porfírio, porque não tinha entendido à primeira o ensino de Plotino, que se apresentava nu e cru, sem as preocupações sofísticas de argumentações bem urdidas, no intuito de derrotar o adversário (18, 5 e ss.). Plotino não lhe respondeu directamente, respondeu-lhe através de Amélio; e entre os dois condiscípulos a discussão continuou até Porfírio ficar vencido e convencido. Assim se confirma como o panorama dos debates era vivo, entrelaçado e variado, e como Plotino não gostava de proceder ao convencimento de forma directa e premente, mas através de astúcias mais subtis[24].

A utilização de leituras e de comentários de vários autores no âmbito da lição faz parte da rotina da escola antiga tardia; uma vez mais, porém, as suas raízes devem procurar-se bastante longe. Já na época helenística, sabêmo-lo por Cícero, o académico Carmada fazia leituras do *Górgias* de Platão[25]; podemos talvez remontar um pouco mais atrás, se pensarmos na importância que teve a exegese de diálogos como o *Timeu*, desde os tempos da primeira Academia: Xenócrates e Crantor deviam já comentar passos importantes do diálogo no seu ensino, por exemplo, o passo obscuro e fascinante da construção da alma do mundo (35a ss.), sobre cuja exegese possuímos tão preciosas informações transmitidas por Plutarco no *De procreatione animae in Timaeo*[26]. Na época imperial, esse costume tinha-se tornado constante: na escola de Epicteto, comentava-se Crisipo e outros estóicos menores; e na escola do platónico Tauro fazia-se exegese constante dos diálogos platónicos, e não só desses, uma vez que Aulo Gélio nos refere ter

---

[24] Armstrong, Plotinus, *Amelius and Porphyry*, in *Cambridge Hist.*, pág. 264-8, oferece um quadro vivo destas relações.

[25] Cícero, *De Oratore*, I, 11, 47.

[26] Sobre este passo do *Timeu*, Xenócrates construía a sua teoria da alma como «número» que se move a si mesmo: cf. fr. 68 H. = 188 I. P. (e as notas de H. Cherniss a Plutarco, *De procr. an.*, 1012d e ss., in *Plutarch's Moralia*, XIII, 1).

lido na escola também os *Problemas* pseudo-aristotélicos([27]). O mesmo Gélio conta que Tauro tinha por hábito, após a lição, resolver dúvidas e problemas dos discípulos; o mesmo acontecia na escola de Epicteto e de Musónio([28]). Vestígios desta actividade interna da escola e da participação activa dos discípulos nos debates são-nos oferecidos pela denominada *Mantissa* ao comentário do *De Anima*, de Alexandre de Afrodísia([29]). Por conseguinte, também sob este aspecto a escola de Plotino se insere numa tradição já constituída; mas talvez nenhuma outra escola se serviu de uma tão ampla vastidão de contributos, visto que, na escola de Plotino, apesar de a referência a Platão se ter mantido como um *leit-motiv*, se liam e comentavam autores de todo o género: a *Metafísica*, de Aristóteles, doutrinas estóicas, comentários de autores do platonismo médio como Severo, Crónio, Numénio, Gaio, Ático, ou peripatéticos como Adrasto, Aspásio, Alexandre (*Vida*, 14, 1 e ss.). Isto para nos cingirmos à referência de Porfírio, que, aliás, é certamente incompleta ou imprecisa em alguns pontos: de Aristóteles, liam-se e comentavam-se, sem dúvida, outras obras além da *Metafísica*, por exemplo, o *De Anima*; alguns tratados plotinianos apresentam vestígios evidentes de leituras de Epicteto([30]); não faltam notas críticas e polémicas acerca de Epicuro, o que nos leva a pensar que, por vezes – embora em menor medida –, também fossem submetidas a exame crítico obras de alguns epicuristas. Ao lermos os tratados de Plotino, ficamos muitas vezes com a impressão de sentirmos brotar as suas observações da leitura e do comentário de autores aos quais se contrapõe criticamente ou sobre os quais – em particular se tratar de Platão – entende

---

([27]) Gélio, *Noctes Atticae*, XIX, 6, 2.

([28]) Sobre Epicteto, cf. J. Souilhé, *Entretiens*, Paris, B. L., 1943, Introd., pág. xxxiv. Em geral sobre estes aspectos da escola antiga, Donini, *Le scuole*, pág. 58 e ss.

([29]) P. Moraux, *Alexandre d'Aphrodisie exégète de la noétique d'Aristote*, Liège-Paris 1942, pág. 20 e ss.

([30]) Cf. por ex., acerca de passos provenientes de Epicteto, Bréhier, *Enn.* I, *passim*, nas notas a I, 4 (Sobre a felicidade); e noutros passos nas *Notices* sobre numerosos tratados.

PLOTINO: A ESCOLA E A OBRA

fundamentar exegeticamente as suas teorias; e em geral pode dizer-se que de Plotino nunca se pode fazer uma leitura teorética em sentido abstracto, sem ter em conta estas suas ligações específicas.

Além de textos filosóficos de diversas escolas e de autores não aceites, deviam refutar-se na escola de Plotino também textos religiosos de variados tipos; muitas vezes, como já referimos, a tarefa da oposição a gnósticos ou a apocalípticos era confiada a discípulos: Porfírio conta ter escrito ele próprio uma refutação ao *Livro de Zaratustra*, demonstrando o seu carácter apócrifo (*Vida*, 16, 14 e ss.); o mesmo terá feito mais tarde, a propósito de alguns passos do Antigo e do Novo Testamento, denunciando, por exemplo, a redacção tardia do *Livro de Daniel*[31]. Amélio, por seu turno, parece ter-se dedicado à refutação dos livros de Zostriano, escrevendo uma obra em 40 livros contra este escrito apocalíptico que não conhecemos; Plotino reservava para si a polémica contra os gnósticos, que depois fez derivar para um ou mais tratados das *Enéades*, de que mais adiante falaremos.

O platonismo de Plotino realizava-se totalmente fora da escola oficial de Platão, e em forma absolutamente privada (já não temos conhecimento, para o século III, da instituição de cátedras filosóficas por parte do imperador, como acontecera no século II, por iniciativa de Marco Aurélio)[32]. Durante o período em que dirigiu privadamente a sua escola em Roma, havia, no entanto, em Atenas uma sede oficial do ensino da filosofia platónica, orientada por Eubulo[33]. Porfírio fornece-nos uma informação deveras interessante de relações correntes entre este e Plotino (*Vida*, 15, 17 e ss.): Eubulo escreveu a este

---

[31] Uma reconstituição de conjunto do *Contra os Cristãos*, de Porfírio, in P. Labriolle, *La réaction paienne*, Paris 1934, pág. 223-301, em part. 251 e ss.

[32] De que nos dá informações Filóstrato, *Vitae Sophistarum*, II, 566 (tratava-se de cátedras de filosofia platónica, peripatética, estóica, epicurista). Cf. a propósito Glucker, *Antiochus and the Late Academy*, pág. 146 e ss.; uma útil panorâmica em Donini, *Le scuole*, pág. 35 e ss.

[33] Não possuímos qualquer informação acerca deste filósofo; cf. H. Dorrie, «Real-Encycl.», Supl. VIII (1956), col. 921.

INTRODUÇÃO A PLOTINO

último, submetendo à sua apreciação algumas «questões plató-nicas», uma atitude habitual a partir da qual podemos fazer uma ideia da obra homónima de Plutarco de Queroneia; Plotino, porém, parece não ter dado grande importância ao caso, entre-gando a Porfírio a tarefa de analisar o escrito, o que pode reve-lar uma certa frieza frente ao platonismo oficial. O que era exactamente o platonismo oficial é para nós impossível de precisar. O termo com que Porfírio se refere a Eubulo, *diádochos*, «sucessor», poderia levar-nos a pensar num escolarca da Aca-demia; assim serão mais tarde denominados Plutarco de Ate-nas, Siriano, Proclo. Mas a Academia como escola tinha prova-velmente perdido importância no século I a. C., e talvez o «pla-tonismo oficial» de Atenas fosse apenas aquele que era minis-trado na cátedra de filosofia platónica, exactamente uma das que tinham sido instituídas por Marco Aurélio([34]). Em todo o caso, a informação de contactos entre o filósofo que, qualquer que fosse a organização escolástica de que dispunha, era consi-derado o «sucessor» de Platão, e o egípcio platónico dissidente, ou pelo menos independente, Plotino, diz-nos que este alcan-çara fama internacional e que sua pessoa e a sua obra não poderiam ser ignoradas. Não parece que esta fama tenha sido gravemente lesada pela acusação de plágio em relação a Numénio, acusação que, segundo Porfírio, era movida a Plotino em ambientes gregos; a acusação serviu de pretexto a Amélio para escrever uma defesa de Plotino, com o título *A diferença entre a doutrina de Plotino e a de Numénio* (*Vida*, 17, 1 e ss.); infelizmente, deste tratado apenas nos resta a carta dedicatória endereçada por Amélio ao próprio Porfírio (a quem se dirige tratando-o por Basileus, tradução grega do seu nome sírio, Malco).

A difusão das obras de Plotino fora do círculo restrito dos seus ouvintes é seguramente obra de Porfírio. Existiam pouquís-simos exemplares dos primeiros 21 tratados, já escritos por Plotino quando Porfírio chegou à escola; parece que mais tarde,

---

([34]) Pelo menos os mais recentes estudiosos assim são levados a concluir; cf. Glucker, *Antiochus a Lat. Acad.*, pág. 112 e ss. sobre o desaparecimento da Academia depois de Antíoco, e todo o cap. 3, pág. 121 e ss. *(The Successors)*.

PLOTINO: A ESCOLA E A OBRA

quando este empreendeu a edição da obra do mestre, teve dificuldades em descobrir o I tratado *Sobre a beleza* (*Vida*, 26, 24). Os exemplares que chegaram às mãos de Porfírio estavam certamente incorrectos e sem títulos; tiveram vários, acabando alguns por prevalecer (4, 17). Com a presença de Porfírio na escola, a revisão, cópia e difusão dos que se seguiram deve ter-se tornado mais constante; e, não obstante a existência de outras edições, a que já fizemos referência, a edição porfiriana devia assegurar à obra de Plotino uma difusão constante. Embora os seus critérios sobre os conteúdos e as suas especulações místico-matemáticas, de cunho pitagórico, sobre os números 6 e 9 nos pareçam hoje tão estranhas e longínquas, a obra de sistematização do património filosófico plotiniano permanece admirável, mesmo dentro dos seus limites históricos.

Porfírio tem também o grande mérito de nos ter descrito ampla e cuidadosamente os processos e os métodos que utilizou, de nos ter ilustrado com precisão os seus critérios. Afirma ter precedido cada um dos tratados por sumários (*kephálaia*), de os ter feito acompanhar por resumos (*epicheirémata*) e algumas vezes ter introduzido aqui e ali, onde era oportuno, comentários concisos (*hypomnémata*) (*Vida*, 26, 20 e ss.); tudo no intuito de esclarecer e de explicitar o pensamento do mestre, que, por vezes, lhe parecia demasiado conciso ou pouco claro. Este material exegético, pelo que nos é dado entender do discurso de Porfírio, passou depois a fazer parte integrante da edição definitiva. É, pois, indubitável que nem tudo, nas *Enéades* tal como as possuímos, é devido a Plotino, e que alguns passos de reforço, passagem, conclusão foram obra do seu discípulo e editor: devemos pensar assim com todas as probabilidades acerca de determinadas conclusões que surgem um tanto áridas e sumárias no que diz respeito ao discurso plotiniano, por exemplo, *Enn.* I, 6; IV, 4; V, 5; o de certos excertos escolásticos estranhos ao tratamento do contexto, por exemplo, o passo (linhas 12-17) de *Enn.* I, 5, 7, no qual, num contexto de carácter ético (se a felicidade é, ou não, independente no que respeita ao tempo), deparamos com uma sucinta abordagem re-epilogativa sobre a essência do tempo. De qualquer maneira, as suposições de alguns estudiosos de que em certos tratados das *Enéades* po-

INTRODUÇÃO A PLOTINO

dem ter sido incorporadas partes dos *Scolii* de Amélio([35]) ou mesmo parte dos tratados de Numénio([36]), são puramente hipotéticas; nem parece haver sérios motivos para, nesta base, se rejeitarem como não autênticos passos como a última parte de *Enn*. I, 8 (cap. 6 e ss.) ou os cap. 6-19 de *Enn*. III, 6([37]). Na verdade, não temos o direito de alimentar suspeitas de Porfírio ser autor de manipulações maiores e mais importantes do que aquelas que, modestas e exegéticas, ele próprio nos declara ter efectuado.

3. As sucessivas fases dos escritos plotinianos

A sucessão cronológica dos escritos de Plotino é-nos indicada pelo próprio Porfírio (*Vida*, 4-6). Também neste ponto podemos ter uma certa confiança no testemunho porfiriano, embora não tenham deixado de se levantar algumas dúvidas a propósito da sua exactidão([38]). A possibilidade de uma reconstituição das *Enéades* segundo uma ordem cronológica não nos leva a consequências de alcance relevante para o desenvolvimento do pensamento de Plotino, pois este, como dissemos, começou a escrever tarde, numa época em que o seu pensamento já estava de todo amadurecido; mas não deixa certamente de ser importante para nos permitir acompanhar a trajectória dos seus interesses, a clareza das suas argumentações, a retoma das

---

([35]) Suposição de F. Heinemann, *Plotin*, Leipzig 1921, pág. 19 e ss.; para toda a questão da autenticidade, vide hoje Schwyzer, *Plotinos*, col. 494-99.
([36]) É a opinião de F. Thedinga («Hermes», LII-LVII [1917-1922], particularmente inclinado a ver a inserção de um tratado de Numénio na segunda parte, estoicizante, de *Enn*. I, 8; cf. a propósito Bréhier, *Enn*. I, Intr., pág. xxv; Henry-Schwyzer, *Pl. op.* I, pág. XLI.
([37]) Cf. as conclusões de Schwyzer, col. 495-496, e, por fim 499, que restringem as mesmas entradas de partes não autênticas efectuadas, embora cautelosamente, por Bréhier, *op. cit.*, pronunciando-se pela não autenticidade garantida apenas no caso de alguns glossemas e partes de passagem.
([38]) Contra as tentativas, também elas frágeis, de propor uma sucessão cronológica diversa em relação à apresentada por Porfírio, cf. ainda Schwyzer, *Plotinos*, col. 547-548.

PLOTINO: A ESCOLA E A OBRA

temáticas. Através da sucessão cronológica dos tratados, vemos delinear-se a história do ensino de Plotino. Alguns retornos a questões já abordadas são significativos: mostram bem a sua insatisfação, o seu atormentado regresso ao debate de pontos difíceis e controversos, o nascimento de novas hipóteses de soluções, talvez solicitadas pela reflexão sobre novos textos lidos e comentados ou por questões levantadas na discussão escolástica. De facto, também a escolha das leituras, ao longo dos anos de ensino, sofre algumas variações não isentas de significado.

Cingindo-nos à própria relação de Porfírio, é oportuno agrupar os tratados nos três núcleos dos escritos anteriores a 263, redigidos entre 263 e 268, e redigidos nos dois últimos anos, 268-270.

As temáticas dos tratados redigidos antes da chegada de Porfírio (253-263) podem assim agrupar-se:

a) O tema do belo. É abordado no tr. 1 (= I, 6): a darmos fé a Porfírio e aceitando que seja o primeiro que foi escrito por Plotino, não deixa de fazer sentido que se tenha iniciado exactamente a partir deste tema, que mais tarde voltará a abordar de forma mais aprofundada. Este primeiro desenvolvimento do belo tem um andamento mais discursivo: crítica da concepção estóica da beleza como simetria, exegese de diversos diálogos platónicos, o *Hípias Maior*, o *Fedro*, o *Banquete*, cujas implicações mais rigorosamente teoréticas voltarão, aliás, a ser desenvolvidas mais tarde. A exegese de Platão permanecerá uma constante de todo o ensino de Plotino.

b) A alma. É um tema repetidamente tratado neste primeiro grupo de escritos. No tr. 2 (= IV, 7) Plotino enfrentou o problema da imortalidade da alma, na base de uma variedade de textos: o *Fédon*, canónico neste género de demonstrações, mas também, dir-se-ia, a obrazinha juvenil e platonizante de Aristóteles, o *Eutidemo*[39]; não faltam

---

[39] É a opinião de Jaeger, *Aristoteles*, Berlim 1923, pág. 43.

INTRODUÇÃO A PLOTINO

reflexos do comentário de Alexandre de Afrodísia ao *De Anima*. No tr. 4 (= IV, 2) o fundamento exegético do desenvolvimento é, ao invés, o *Timeu*, precisamente o célebre passo da construção da alma do mundo, considerada como fundamento de uma correcta teoria do conhecimento. Encontramos novamente a exegese do *Timeu* no tr. 6 (= IV, 8) cujo tema é a descida da alma ao corpo. Levanta-se em seguida (tr. 8 = IV, 99) o problema de se todas as almas individuais hão-de ser reconduzidas a uma mesma alma universal e qual a relação entre esta e as almas singulares: deixado totalmente em aberto por Platão, o problema iria tornar-se um *tópos* fixo dos platónicos; também Plotino voltará a ele mais adiante. Ainda na alma está substancialmente centrado também o tr. 11 (V, 2); uma vez que, se o seu tema é o da procedência (*próodos*), nó vital da teoria derivacionista, esta é considerada como tendo o seu centro de energia psíquica, como vida que se estende e se prolonga, como movimento generativo. Pelo contrário, no tr. 14 (II, 29), Plotino regressa à alma na relação com o tema do movimento cósmico de translação, exaltando o movimento circular como imitação cósmica da energia intelectiva, produzindo-se através da alma. Seguia-se imediatamente o tr. 15 (III, 4), com o desenvolvimento do carácter demoníaco da alma, outro tema tradicional e recorrente. O último dos escritos, o tr. 21 (IV, 1) reenlaçava-se com a exegese do *Timeu*, já efectuada no tr. 4, a propósito da essência da alma; na realidade, este foi forçadamente isolado por Porfírio para obter nove escritos, e faz parte dos vários desenvolvimentos recolhidos no tr. 13 (III, 9), por alguns considerados pequenas abordagens escolásticas, cuja autenticidade não está garantida[40].

c) Questões de carácter ético. Neste primeiro período, questões deste tipo apresentam um certo desenvolvimento

---

[40] Estudo da questão in P. Henry, *Études Plotiniennes I, Les États du texte de Plotin*, Paris 1938, pág. 37 e ss.; cf. Schwyzer, *Plotinos*, col. 489.

80

exotérico, que leva a pensar numa relativa influência da diatribe sobre Plotino, provavelmente da diatribe de Epicteto em particular. A esta abordagem correspondem tratados como o 19 (= I, 2) sobre as virtudes, onde se consideram as virtudes políticas pertencentes apenas a este mundo, distintas dos modelos eternos; o 16 (I, 9), contra o suicídio; este, de modo particular, parece apresentar vestígios da *Dissertação I* de Epicteto[41]. Também o tr. 20 (I, 3), sobre a dialéctica, não obstante a tese platónica, está fortemente contaminado por temas estóicos e apresenta um desenvolvimento de carácter exotérico e vagamente diatríbico.

d) Polémica contra os estóicos e, por vezes, contra os epicuristas: é uma temática particularmente sensível no primeiro período, que ulteriormente se vai atenuando no período dos grandes tratados construtivos. A polémica anti-helenística estava ainda bastante viva nos séculos da época imperial: sobretudo no século II, a polémica antiestóica fora muito acesa (de Plutarco a Tauro e a Diogeniano[42]), portanto, a partir de diversos ângulos de visão); quanto à polémica antiepicurista, basta pensar na de Plutarco, bem encarniçada. No tr. 3 (III, 1), encontramos um ataque contra a causalidade epicurista e contra o determinismo estóico, em conjunto: não só, juntamente com Epicuro, Plotino rejeita também Carnéades, relacionando a teoria epicurista da degradação fortuita com a teoria carneadiana do livre-arbítrio, uma espécie de «degradação» da alma privada de qualquer causa. A polémica alarga-se seguidamente à astrologia, tema que voltará a surgir em tratados mais amadurecidos. Também no tr. 5 (V, 9) e no tr. 12 (II, 4) surgem oportunidades de

---

[41] Importante a *Notice* de Bréhier, *Enn.* I, pág.. 131.

[42] Epicurista, embora considerado peripatético por alguns estudiosos devido a uma certa aceitação do tema da *týche*, não é de estranhar, de facto, num epicurista tardio, formado acima de tudo para a polémica antiestóica. Sobre os fragmentos, cf. A. Gercke, *Chrysippea*, «Jahrbucher fur Klassische Philologie», Supl. XIV (1885), pág. 748 e ss.

INTRODUÇÃO A PLOTINO

polémica anti-helenística; mas nestes, o discurso esten-de-se a grandes temas teoréticos que, em seguida, se con-tarão entre os mais peculiares da filosofia plotiniana: o problema da relação entre o intelecto e as ideias, o pro-blema – de origem aristotélica – da distinção entre maté-ria sensível e matéria inteligível. Desta maneira, encon-tramos num uma primeira solução do problema do disforme-feio ou do irracional, enquanto matéria não dominada em pleno pela forma, e no outro um ataque contra a teoria aristotélica, segundo a qual a privação outra coisa não é senão o aspecto negativo da matéria, ao passo que para Plotino a matéria se identifica com a pri-vação e com o não-ser. A refutação da concepção meca-nicista-materialista, portanto, engloba outros elementos e temas e o antimaterialismo vai-se esclarecendo tam-bém em função antiaristotélica.

e) Início da abordagem dos temas principais, mundo inteli-gível e princípios supremos. No tr. 7 (V, 4), aparece delineado o problema da derivação do ser a partir do Uno, que, em seguida, será objecto de desenvolvimento mais sistemático e mais aprofundado no tr. 49. O tr. 9 (= VI, 9) oferece na sua primeira forma – que é também a mais linear e a mais clássica, que servirá depois de ba-se a toda a exposição sintética da teoria de Plotino – a abordagem do Uno e da sua identidade com o Bem, fun-damentando-se na exegese da *República*; discute-se ali também o tema da união com o Uno – isto é, o êxtase – com uma ligação evidente ao conceito de «iluminação» da *Epístola VII*. Pelo contrário, na *Epístola II*, consi-derada autêntica por Plotino e pelos platónicos do seu tempo, aborda-se a exegese do tr. 10 (V, 1) dedicado às três hipóstases: é sobretudo com base no *excursus* filo-sófico desta epístola que os platónicos liam a presença da doutrina em Platão([43]). Sobre as ideias versam o tr. 5,

---

([43]) Para a exegese da *Epístola II*, bastante importante na história do plato-nismo, cf. D. D. Saffrey – L.G. Westerink, Proclus, *Théol. plat.*, II, Intr., pág. xx e ss. (e para a origem provavelmente neopitagórica da própria carta,

acima citado, e o tr. 18 (V, 7). O primeiro dos dois tem um carácter mais expositivo e escolástico: encontramos aí questões que são autênticos e verdadeiros *tópoi* do ensino platónico (se todas as realidades têm um modelo ideal; se devem aceitar-se ideias de realidades desprezíveis e disformes, ou então, ideias de indivíduos); às questões são dadas respostas que, aparentemente, não se afastam das tradicionais e são mais frequentemente aceites. O tr. 18, pelo contrário, parece mais original e mais amadurecido, fruto de reflexão: nele, por exemplo, Plotino supera a negação das ideias dos indivíduos com a consideração de que não se pode traçar uma linha divisória entre o indivíduo e a universalidade, porque nenhum indivíduo o é verdadeiramente, como se deduz do simples facto de voltar a reproduzir-se no processo da metemsomatose, que Plotino aceita, fiel também aqui à tradição platónico-pitagórica. Nesta primeira fase da redacção escrita do seu pensamento, começa, por fim, a interessar-se também pelo problema das categorias, sobre as quais já no século II se discutira nos ambientes que apontavam para Ático[44]: no tr. 17 (II, 6) deparamos com a condenação da divisão «horizontal» do ser, que vamos encontrar depois com uma maior sistematização nos tr. 42-44: uma divisão em que não se faz distinção entre ordem ideal e ordem empírica, ao mesmo tempo que toda a divisão do ser é reduzida à distinção entre o inteligível e o sensível, *tí* e *poión ti*, como se ensina na *Epistola VII*[45].

J. M. Rist, *Neopythagorianism and Plato's Second Letter*, «Phronesis», X [1965], pág. 78-81).

[44] A polémica contra as categorias cai no âmbito do antiaristotelismo por parte da tradição platónica, e está ligada aos nomes dos platónicos Lúcio (muito pouco conhecido) e Nicóstrato; cf., a propósito, P. Moraux, *Der Aristotelismus bei den Griechen, I*, Berlim – Nova Iorque 1973, pág, 113 e ss. Para as analogias entre as objecções referidas por Simplício e atribuídas a estes filósofos e as objecções de Plotino, cf. Bréhier, *Notice a Enn.*, VI, 1, pág. 8.

[145] *Epist.* VII, 343c.

Nos tratados do segundo período, atenua-se a polémica anti-estóica e genericamente anti-helenística; os temas de polémica antiestóica que, por vezes, não faltam pareceriam antes uma contraposição a uma interpretação estoicizante de Platão, e não uma polémica contra uma escola estranha. Acentua-se a análise crítica de Aristóteles (particularmente a *Metafísica* e o *De Anima*) e das obras dos comentadores do próprio Aristóteles, que são nossos conhecidos (em particular Alexandre de Afrodísia), mas por vezes também desconhecidos, como por exemplo no caso da crítica às *Categorias*. Aprofundam-se os grandes temas teoréticos, torna-se mais raro o carácter exotérico da abordagem; pelo contrário, temos antes alguns tratados de desenvolvimento estritamente escolástico e versando questões particulares. Também noutros livros Plotino surge empenhado na polémica antignóstica.

a) Poucos e marginais são os tratados que retomam temas e abordagens da produção precedente: o 35 (II, 8), escolástico, relativo ao problema da visão e em particular a um, que foi *tópos* da discussão gnoseológica no helenismo: «por que motivo os objectos afastados parecem pequenos», com referências a diverso material doxográfico; o seguinte, tr. 36 (I, 5), sobre a felicidade do sábio e a relação entre felicidade e tempo, com a polémica contra a teoria de Epicuro, segundo a qual o sábio sente prazer na recordação dos bens passados; o 37 (II, 7) sobre a mistura, antiestóico, que, aliás, retoma bastante pontualmente alguma argumentação do *De mixtione*, de Alexandre de Afrodísia. Como se vê, representam um grupo de lições ministradas sucessivamente, que é uma espécie de pausa e de regresso a Plotino em temas não centrais da sua filosofia. Ainda um exemplo do mesmo tipo é oferecido pelo tr. 41 (IV, 6), sobre os problemas da sensação e da memória, dirigido em parte contra a teoria estóica da sensação como impressão ou *týposis*.

b) A alma e os seus problemas constituem o objecto de um conjunto significativo de tratados. O tr. 22 (VI, 4) e o tr. 23 (VI, 5) foram também arbitrariamente divididos por Porfírio em homenagem à regra do 9, mas formam uma unidade. Começando pela exegese de *Parm.* 131b, Plotino levanta o problema de se a unidade da forma está sujeita a divisão no processo de

PLOTINO: A ESCOLA E A OBRA

participação que os seres isolados têm com ela, e chega, depois, à teorização de um tema que lhe é querido, o tema da unidade absoluta da alma, graças à qual tem lugar a participação dos sensíveis na forma. Após o parênteses antiaristotélico dos tratados 24-25, Plotino retoma o tema da alma no tr. 26 (III, 6), um verdadeiro comentário crítico ao livro I do *De Anima*, mas também a um capítulo do *De generatione et corruptione* (III, 6), e de seguida, extensamente, a um bloco compacto (os tr. 27-29, IV, 3-5), que Porfírio dividiu em três troços: livros bastante ricos e variados, onde se trata ainda da relação entre as almas individuais e a alma universal, sobretudo em ordem ao seu diverso relacionamento com a corporeidade, do problema das almas astrais e da sua faculdade de inteligência e de memória, do problema da visão, que Plotino analisa aqui sob o ângulo da incorporeidade da luz; se existe ali um enlaçamento com Aristóteles, (*De an.* II, 418b-419a), a teoria da luz em Plotino vai muito além desta ideia, até constituir uma espécie de teologia alegórica da luz, que terá a maior importância durante séculos de especulação[46].

c) Como já dissemos, os tr. 24 e 25 (V, 6 e II, 5) são dirigidos de forma particular contra Aristóteles. No primeiro deles, encontramos a polémica contra o primeiro princípio entendido como «pensamento do pensamento» (ou seja, contra a teoria culminante do livro XII da *Metafísica*): o Primeiro absoluto é o Uno, e este não pensa, porque pensar, mesmo pensar-se a si próprio, implica já dualidade. No segundo, a polémica, mais do que sobre Aristóteles, incide na tradição peripatética: por exemplo, não é aristotélica a teoria de que o quinto elemento é um «corpo imaterial», e outros momentos do desenvolvimento plotiniano recordam passos do comentário à *Metafísica* de Alexandre[47]. Antiaristotélicos, em grande parte, são também os três tratados – originalmente constituíam também uma uni-

---

[46] W. Beierwaltes, in *Die Metaphysik des Lichtes in der Philosophie Plotins*, «Zeitschrift f. Philosophische Forschung», XV (1961), pág. 334-62, leu em Plotino uma autêntica e verdadeira «metafísica da luz».
[47] Cf. Bréhier, *Enn.* II, pág. 75, n. 1, para o confronto entre Alexandre (*In Arist. Metaph.*, pág. 304, 13 e ss. Hayduck) e Plotino, *Enn.* II, 5, 4, 4 e ss.

INTRODUÇÃO A PLOTINO

dade – 42-44 (VI, 1-3), que incidem no problema das categorias. Em grande parte, constituem um comentário pontual da obra de Aristóteles assim intitulada, mas apresentam traços evidentes da polémica também contra comentadores que nos são desconhecidos: de facto, na obra aristotélica, a ilustração das formas de predicação limita-se aos quatro primeiros casos entre os dez enunciados, a saber, substância, quantidade, qualidade e relação, enquanto Plotino discute igualmente a das categorias sucessivas na ordem. Assim, dirige a sua crítica contra a doutrina estóica das categorias, baseada na divisão em quatro partes, pressupondo na sua base o genérico *tí* para, de seguida, passar a uma crítica cerrada ao enquadramento materialista em que está inserida a teoria. O problema das categorias (que é sentido por Plotino de maneira académico-estóica, não como um problema lógico, mas como um problema ontológico) resume-se para ele a uma falsa divisão do ser, que ignora a relação de tipo «vertical» vigente entre o cosmos inteligível e o cosmos sensível.

d) Os dois tr. 40 (II, 1) e 45 (III, 7) centram-se no cosmos, no tempo e na eternidade. O primeiro contém a exegese do *Timeu*, com a defesa contra as suas interpretações estoicizantes, e ainda a polémica contra a teoria aristotélica do quinto elemento, a favor do fogo como elemento privilegiado dos corpos astrais; o segundo contém a polémica especialmente contra os platónicos anteriores, comentadores do *Timeu*: trata do tempo e da eternidade, no intuito de subtrair o tempo à sua relação com o cosmos e, pelo contrário, sempre sob a protecção do *Timeu*, de o ver em relação com a alma e com a Inteligência, que lhe dão o seu verdadeiro significado. São, por conseguinte, uma amostra de uma exegese anticosmologizante de Platão, dirigida particularmente contra o platonismo médio.

e) As ideias, o intelecto e o Uno constituem o objecto de alguns tratados construtivos: o tr. 34 (VI, 6), o tr. 38 (VI, 7), o tr. 39 (VI, 8): como se pode ver, também eles formam uma continuidade, interrompida, aliás, pela pausa dos tratados 35-37, de que antes falámos. Do problema das ideias-números, que não podia faltar na abordagem feita por um platónico (Plotino permanece fiel à abordagem do primeiro platonismo, falando da ideia como número essencial, *ousiódes*; na realidade, porém, a especulação matemática não ocupa nenhuma parte importante no seu pensamento), passamos à relação entre as ideias e o bem, muito mais sentido por ele, e ao problema da multiplicidade das ideias, para rumar à abordagem do Uno: temos assim o tr. 38, verdadeiro espécime de teologia negativa, onde o Uno é definido como privado de forma, infinito/indefinido, na medida em que escapa à definição, demasiado grande para se conhecer, isto é, para se conter a si próprio intelectivamente, embora Plotino, como veremos melhor, numa passagem muito complicada, chegue a afirmar que não se pode negar ao Uno uma forma superintelectiva de autoconsciência. Pelo contrário, no último dos três tratados, toma-se em consideração o problema da vontade e da liberdade, no sentido em que se podem dizer propriedades do Uno; isto porque Plotino deseja afirmar a coincidência de necessidade e de liberdade no topo do real, entendido como auto-causa absoluta. No entanto, o Uno permanece inexprimível; perante ele, só pode existir o silêncio. Plotino chega a afirmar que dele, em termos rigorosos, nem sequer se pode dizer que é «princípio», *arché*: só o é do nosso ponto de vista, e é para nós que se posta como princípio supremo; pelo contrário, nada a seu respeito se pode afirmar objectivamente, como constituindo a sua essência, porque a essência já pertence a uma esfera ulterior.

f) Os tr. 30-33 (III, 8; V, 8; V, 5; II, 9), dos quais só o último é assinalado por Porfírio com o título *Contra os gnósticos*, foram reconhecidos como formando uma unidade; e todos eles, em maior ou menor medida, embora apenas o último de forma explícita, contêm a polémica contra a Gnose. Representam um momento culminante da actividade de Plotino, em que ele trava a sua batalha contra os que, naquele momento, ele tem por inimigos a derrotar e constrói sinteticamente a sua teoria do cosmos inteligível. O tr. 30, sobre a teoria, ou seja, sobre a contemplação da Inteligência e do Uno, exalta a unidade de sujeito e de objecto que (aqui, na esteira de Aristóteles, *Metaph.* 1072a) se alcança no pensamento puro, na pura actividade do *noûs*; a práxis é desvalorizada como uma «exaustão da teoria», um puro negativo, consistindo no enfraquecimento da energia

INTRODUÇÃO A PLOTINO

contemplativa. O tr. 31, de modo diverso do tr.1, retoma o problema da beleza inteligível de forma mais estritamente metafísica: embora comece pela exegese do *Fedro*, na realidade, acaba por ir muito além, ao delinear a teoria da «beleza arquétipo», do Belo primeiro ou em si; nessa base, encontramos também uma nova revalorização da actividade do artista que olha o belo ultra-sensível e, como vimos, não estranha à história do platonismo, mas que Plotino certamente revitalizou[48]. O tr. 32 gira à volta da teoria segundo a qual as ideias não subsistem fora da Inteligência primeira: constituem o cosmos inteligível que se identifica imediatamente com a Inteligência pensante. O Uno, pelo contrário (e Plotino retoma a exegese de *Resp.* 509a), está «para lá da essência», além da esfera do inteligível; é aqui retomada a teoria do êxtase como acto mediante o qual se ultrapassa e se abandona a própria esfera do inteligível. Finalmente, no tr. 33, Plotino vira-se, de modo mais particular, contra os inimigos gnósticos, fazendo as contas da anterior abordagem: o Belo em si, o Belo inteligível, reflecte-se no mundo, de maneira que é loucura supor uma divindade maligna produtora do cosmos, voltada contra o primeiro Deus; todas as hipóstases são boas ou «têm a forma do bem»; não é necessário executar o trabalho inútil da sua multiplicação, coisa que os gnósticos fazem, nem supor mais do que as três fundamentais. Plotino opõe-se aqui, de forma bastante decisiva, também a todas as especulações, não ausentes, como vimos, da história do platonismo, e representadas antes dele em particular por Numénio, acerca de uma pretensa alma maligna do cosmos.

Plotino escreveu ainda nove tratados, depois de Porfírio ter partido de Roma, nos dois últimos anos da sua vida. O orgulho de Porfírio (*Vida*, 6, 31 e ss.), segundo o qual a melhor parte da actividade do mestre se desenrolou durante a sua presença em Roma, pode parecer ingénuo e, em certos aspectos, também injusto: é certo, porém, que estes últimos tratados retomam em

---

[48] Cf. quanto já acima foi dito, cap. I, § 4, acerca da nova atitude do platonismo helenístico tardio, respeitante ao artista e à sua obra: podemos aqui citar Cícero, *Orator*, 2, 8.

parte as características dos primeiros, e só um deles, o 49, é do género dos grandes tratados teoréticos construtivos do período 253-263; no seu conjunto, revelam um empenho teorético menos contínuo e um carácter mais ocasional. O tr. 46 (I, 4) representa um regresso à temática do primeiro período, sobre a felicidade, de carácter tendencialmente exotérico e diatríbico. Reminiscências estóicas, em particular de Epicteto, podem encontrar-se também no tr. 52 (II, 3), sobre a influência dos astros, endereçado mais uma vez contra as teorias astrológicas, com o objectivo de demonstrar que a influência dos astros só pode interessar a matéria e a corporeidade. O tr. 50 (III, 5) é uma interpretação cósmico-alegórica do Eros do *Banquete*, uma demonstração de demonologia, que faz pensar numa espécie de hierogamia([49]). O tr. 53 (I, 1) regressa ao problema da alma; desta vez, é sobretudo a exegese do *Alcibíades I,* onde o ser humano é identificado com a sua alma. E em Platão se procurou também a resposta para o problema do mal, de que fala o tr. 51 (I, 8); tratado complexo, cuja autenticidade tem sido discutida, no que se refere à parte segunda, de tom estoicizante. Dir-se-ia que, exactamente nessa fase tardia, Plotino parece fazer as concessões mais acentuadas à *Stoá*: os dois tratados 47-48 (III, 2-3), na realidade um único tratado sobre a providência, ocupam-se da ordem cósmica e do entrelaçamento do bem e do mal, de tal maneira que o mal resulta necessário em vista do bem na ordem do todo, com tonalidades que recordam sensivelmente o universo físico-metafísico da *Stoá* e algumas concepções que Plutarco, no seu tempo, atacara com ironia([50]). Talvez a polémica contra os gnósticos possa ter levado Plotino, nesta última fase, a acentuar de tal maneira a sua tese da bondade substancial do universo sensível que acabou por aceitar temas que só até certo ponto estão de acordo com as suas premissas.

([49]) Cf. E. Bréhier, *Notice a Enn.* III, 5 (pág. 72-3), com uma chamada a um procedimento análogo de Fílon de Alexandria.
([50]) Plutarco, *Stoic. Rep.*, 1050d e ss. (= SVF II, 1176, 1178); *Comm. Not.*, 1065b e ss. (= SVF II, 1181).

INTRODUÇÃO A PLOTINO

Voltamos a encontrar em pleno o grande Plotino metafísico e transcendentista no tr. 49 (V, 3), que retoma a abordagem do Uno inefável, para lá do ser, para lá da inteligência que já é multiplicidade, atingível com um acto de contacto absoluto. E temos finalmente o último escrito, o tr. 54 (I, 7), que retoma o problema do bem e da participação mediata das coisas, tendo como conclusão a morte e a imortalidade da alma: quase como que uma última mensagem de Plotino moribundo ao discípulo Porfírio; um escrito cujas raízes existenciais não podem ser ignoradas. Segundo o testemunho de Eustáquio, referido por Porfírio (*Vida*, 2, 25-27), as últimas palavras de Plotino teriam sido: «Esforço-me por fazer remontar o que há de divino em mim ao que há de divino em tudo»([51]); e o piedoso Eustáquio contou também a Porfírio que, naquele momento, uma serpente deslizou sob a cama de Plotino e desapareceu num buraco da parede: era o deus *Agathodaímon*, o revelador da verdade divina, que abandonava o corpo de Plotino; era o deus-dáimon de Plotino que ia reunir-se à alma divina do universo([52]).

([51]) A passagem não é absolutamente certa sob o ponto de vista filológico; cinjo-me a Bréhier (*ad loc.*) e Harder, *Plotins Werke*², V c, pág. 81-2; em contrapartida, mas de modo menos convincente, P. Henry, *La dernière parole de Plotin*, «Studi Classici e Orientali», II (1953) pág. 113-30.

([52]) Bréhier, *Enn.* I, pág. 2 (*ad loc.*)

IV. O Cosmos Inteligível

1. A teoria do Uno-Bem

A Platone principium. Existe um passo da obra de Plotino (*Enn*. V, 1 [10], 8) em que este afirma explicitamente a sua intenção de absoluta fidelidade a Platão; «é evidente que estas minhas teorias não são novas, já foram enunciadas antigamente, sem no entanto terem sido desenvolvidas; as teorias de hoje são uma explicação daquelas, de cuja antiguidade estamos certos, baseando-nos no testemunho das obras de Platão». Hoje, sabemos bem que, na realidade, Plotino pode ser apresentado rigorosamente como fundador da primeira forma autêntica e própria de metafísica transcendente, e estamos conscientes do profundo hiato que separa a sua doutrina da doutrina de Platão. Mas esta sua atitude é importante para a história da filosofia, que é obrigada a ter isso em conta, se quiser evitar ter de enfrentar o problema da filosofia de Plotino com uma boa dose de abstracção. Que ele desejava ser um bom exegeta e comentador dos antigos e, em primeiríssimo lugar, de Platão é um dado de facto que se reflecte imediatamente no seu modo de levantar os problemas: é claro que Plotino não depende exclusivamente de Platão, mas pode dizer-se genericamente – o que pouco a pouco iremos documentando no decurso desta exposição do seu pensamento – que aceita e absorve temas de proveniência filosófica diferente só quando encontra em Platão pelo menos as premissas e as pode apresentar, portanto, como já de alguma forma implícitas na sua filosofia.

Inovação fundamental da especulação plotiniana, em relação à especulação filosófica mais recente e próxima dele, é a sua concepção de uma unidade suprema e inefável situada na própria fonte do ser, mas tal que o ser não pode dela ser predicado, porquanto ele é a sua primeira consequência. No entanto, esta doutrina de uma transcendência absoluta e total do primeiro princípio, Plotino afirma poder lê-la nos escritos platónicos e, a partir deles, precisar apenas de a explicitar. E é de opinião que, neste esforço exegético, se pode ir também além de Platão: já antes de Platão, Parménides se colocou nesta via, uma vez que foi o primeiro a identificar o ser e a inteligência, «pensar e ser é a mesma coisa» (V, 1 [10], 8, 14 e ss.)([1]). Platão, porém, deu o passo decisivo, ao esclarecer as contradições internas do ser parmenideano, tão ambíguo – imóvel, massa esférica, incapaz de se clarificar a si mesmo como inteligível.

No *Parménides*, Platão fez uma descoberta filosófica fundamental; descobriu o Uno como superior a toda a multiplicidade e totalmente isolado dela. A este primeiro Uno sucedem-se outras formas de unidades secundárias, que podem definir-se como o Uno-múltiplo ou, a um nível ulterior, o Uno subdivisível entre muitos, susceptível de se tornar muitos: assim, nas três primeiras hipóteses sobre a unidade do *Parménides*, Plotino lê a teoria das três hipóstases, que de forma análoga irá descobrindo no *excursus* filosófico da *Epistola II*. Na abordagem do «primeiro Uno» feita por Platão no *Parménides* – o Uno da primeira hipótese, onde se estudam as possibilidades de uma teoria da unidade absoluta, isenta de relações com a multiplicidade – o que parece fasciná-lo é a negatividade total. Para ser absolutamente Uno, diz Platão, o Uno não poderá ser dividido

---

([1]) Parménides, 28 B 3 DK. No capítulo seguinte (V, 1, 9), citam-se outros pré-socráticos, Heraclito e Empédocles; mas parece tratar-se de testemunhos de origem doxográfica, ao passo que a citação de Parménides é mais exacta. Cf. G. Calogero, *Parmenide e il «Parmenide» di Platone*, in *Plotino e il Neoplatonismo fra Oriente e Occidente*, Roma 1974, pág. 49-59.

O Cosmos Inteligível

em partes; e se não é dividido em partes, não tem princípio nem fim. Uma entidade deste género não estará em parte alguma: nem em si nem fora de si. Por conseguinte, não será movido, e não conhecerá movimento nem repouso; como também não conhecerá identidade nem diversidade, não será idêntico nem diverso de si mesmo ou de outros([2]). Não participará de número nem de medida, não será jovem nem velho, não terá idade, porque não participará do tempo. Portanto, *não será* ser no verdadeiro sentido da palavra: nem sequer participará da *ousía*, ser ou essência. Mas, neste caso, não terá sequer um nome, não será possível denominá-lo nem exprimi-lo: o Uno para lá dos muitos será, em suma, um puro inefável (*Parm.* 137d-142a)([3]). É justamente nesta hipótese da unidade absoluta, que nos levaria ao absurdo da inefabilidade total, que Plotino lê com todas as letras a «teologia negativa» por ele considerada como fundamento da especulação metafísica.

O verdadeiro Uno (o Uno primeiro, como muitíssimas vezes se diz, mas também o Uno total, o Uno em si, o Uno real) posta-se antes de tudo como princípio, ou seja, como simplicidade absoluta acima de toda a multiplicidade ulterior e possível; e isto justamente enquanto o princípio deve ser diferente daquilo de que é o princípio (VI, 9 [9], 3, 38 e ss.)([4]). É infinito, não porque lhe falte qualquer coisa na sua perfeição, antes porque a sua infinidade não consiste no facto de a sua extensão não ser completa, mas no facto de o seu poder não ser limitado (VI, 9, 6, 10 e ss.)([5]): Plotino superou agora, no sentido mais pleno,

---

([2]) A exegese do *Parménides* está aqui combinada com a do *Sofista*. Cfr. J. M. Charrue, *Plotin lecteur de Platon*, Paris 1978: estudo bastante pontual, mas que tem talvez o defeito de sectorializar excessivamente a exegese de Plotino segundo os diferentes diálogos (cf. por ex. como, no capítulo dedicado à exegese do *Sofista*, a análise está concentrada demasiado exclusivamente em VI, 2, 4-8, negligenciando outros passos em que Plotino consulta livremente os diálogos, combinando-os.

([3]) Charrue, *Plotin lecteur de Pl.*, pág. 59-84 para a exegese da primeira hipótese do *Parménides*.

([4]) É um princípio estabelecido já na *Metafísica* de Aristóteles e que, portanto, remonta à primeira Academia.

([5]) Sigo mais uma vez a tradução de Bréhier, *ad loc*.

INTRODUÇÃO A PLOTINO

todas as reservas postas tradicionalmente pelo pensamento grego, não obstante as numerosas superações parciais já ocorridas, ao conceito de infinidade[6]. Ele não se move nem é movido: movimento e repouso condizem com um ser limitado, não com a infinita unidade suprema. Por conseguinte, está também fora do tempo e fora do espaço (VI, 9, 3 42 e ss.). Não possui forma nem essência, pelo que nem sequer é verdadeiramente pensável: não é objecto de discurso nem de ciência (V, 4 [7], 1, 9). Platão, afirma Plotino, disse que acerca dele não se pode nem falar nem escrever: neste ponto (VI, 9, 4, 10-11), não tem em mente apenas o *Parménides*, mas também a *Epístola VII* (314b), na qual lhe parece ler outra expressão da inefabilidade metafísica.

Trata-se de temas que voltam a surgir mais adiante, nos grandes desenvolvimentos da teologia negativa. Privado de partes, o Uno não admite divisões (VI, 5 [23], 4). Na sua infinidade, não podendo ser delimitado por nenhuma outra coisa, não possui figura nem forma (V, 5 [32], 11) nem pode dizer-se que possua grandeza (VI, 7 [38], 32). Os temas da não imobilidade nem mobilidade, da não identidade nem alteridade do Uno, onde a exegese do Parménides continuamente se mistura com a reminiscência dos *mégista géne* do *Sofista*, regressam ampliados em V, 5 [32], 10, 14 e ss.; VI, 6 [34], 3, 22 e ss.; VI, 7 [38], 39, 1 e ss. Plotino não se apercebe de que atingiu o ponto mais profundo do seu distanciamento de Platão, quando afirma que o Uno não está sujeito ao número, não é mensurado nem mensurável (V, 5 [32], 4, 12 e ss.), mas sobretudo quando afirma que o Uno está privado de forma, *ámorphos*, *aneídeos* (assim em V, 5, 11, em VI, 7, 17, e 32-33). No cume do real, no seu vértice, em vez do modelo racional que representa uma perfeição qualitativamente definida, coloca-se aquilo que supera qualquer forma possível e qualquer possível definição: aquilo que não é nem em si nem fora de si, aquilo que não tem limites nem forma racional, aquilo que não é idêntico a si nem diverso de si, aquilo que não é racionalmente apreensível nem exprimível.

---

[6] Cf. sobre este tema H. Guyot, *L'infinité divine depuis Philon le Juif jusqu'à Plotin*, Paris 1906.

O Cosmos Inteligível

Onde não existe forma, não existe sequer ser nem essência (V, 5, 6, 1 e ss.); por conseguinte, acerca do Uno não se pode sequer dizer que é; ele não precisa do ser nem da *ousía* (VI, 7 [38], 1 e ss.; 41, 34 e ss.). Primeiro e antes de todas as coisas que são, ele não pode «ser» da mesma forma que as coisas que são: Plotino, nos tratados tardios, continua a desenvolver o motivo segundo o qual o princípio se deve diferenciar de tudo aquilo que dele deriva (VI, 8 [39], 8, 14 e ss.; VI, 3 [44], 11, 18-19). Mas se ele não tem forma nem essência, não pode haver acerca dele nem discurso nem conhecimento sensível, nem ciência, nem acerca dele se pode predicar seja o que for (VI, 7 [38], 41, 35 e ss.): está para lá da ciência e da inteligência, do acto de intuição suprema que é o *noûs*, porque transcende também este (V, 3 [49], 12, 48 e ss.). «Não se pensa a si próprio, nem há dele conhecimento intelectivo» (*ibid.* 13, 36-37): ele é para nós incognoscível, pela mesma razão pela qual, em certa medida e sob certo aspecto – o aspecto do conhecimento intelectivo puro([7]) – é incognoscível para si próprio. Por conseguinte, chega-se à concepção do Uno por oposição a tudo aquilo que é: por negação e abstracção do real, não só enquanto real sensível, mas também enquanto universo inteligível e mundo das formas; é assim que, pela primeira vez na história da filosofia ocidental, a abordagem do princípio supremo é colocada não como suprema intuição colectiva, mas como remoção de qualquer conteúdo determinado do pensamento.

Existe, todavia, outro aspecto do Uno, quando ele for considerado não já pura e simplesmente em si mesmo, mas do nosso ponto de vista, enquanto fonte de toda a realidade para nós, do nosso viver, ser, conhecer; e, portanto, de necessidade, bem e causa. E Plotino recebe assim, certamente da tradição não só platónica, mas também neopitagórica – apesar de não nos ser possível precisar em que medida é devedor do neopita-

---

([7]) Sublinha-se o conhecimento intelectivo, porque o problema de se saber se ao Uno deve ou não atribuir-se uma forma elementar e primária de consciência de si está presente em Plotino de forma bastante acentuada; cf. para esta questão mais adiante, n. 17.

INTRODUÇÃO A PLOTINO

gorismo da doutrina do Uno transcendente([8]) – o esquema da unificação entre o Bem da *República* (VI, 509a-b) e o Uno do *Parménides*. A sua exigência será a de justificar esta exegese e de a conciliar com o seu radical transcendentismo negativo. O facto de esta teoria não aparecer ainda formulada com clareza em alguns dos primeiros tratados (por exemplo, naquele que é apontado por Porfírio como o primeiro, I, 6, onde parece limitar-se a falar do bem como algo que se situa acima do belo e que é a sua fonte e princípio) não deve permitir tirar daí as inferências radicais feitas por alguns estudiosos, conjecturando uma primeira fase «platónica» e ainda não tipicamente «neoplatónica» do seu pensamento([9]). Embora o discurso que Plotino vai fazendo acerca do Uno adquira clareza e profundidade à medida que avança dos primeiros tratados para os mais tardios, aparece, contudo, dotado de uma substancial continuidade; se existem tensões, elas são interiores à teoria, e certamente não são de molde a poderem ser resolvidas com a hipótese de fases cronológicas; em suma, Plotino carrega coerentemente consigo a sua potencial contradição, desde o início do seu discurso. E esta contradição consiste na necessidade – a que é levado não só pela sua fidelidade ao texto de Platão e à interpretação já feita no decurso do platonismo, mas também pela própria lógica interna do seu discurso – de identificar o Uno princípio supremo com o supremo Bem, e de harmonizar isto com a exigência da transcendência absoluta que conduz à inefabilidade, à negação de qualquer identificação ou definição possível.

([8]) Cf. acima, cap. II.

([9]) Segundo F. Heinemann, *Plotin*, Leipzig 1921, pág. 120 e ss., nos primeiros tratados de Plotino (ou naqueles que este autor, não inteiramente de acordo com a cronologia porfiriana, considera como tais: IV, 7; IV, 2; I, 2; I, 6; I, 3) não existiria ainda a teoria plotiniana mais típica; tratar-se-ia de um período «platónico» e ainda não «neoplatónico» do pensamento de Plotino. Cf. a este propósito A. H. Armstrong, *The Architecture of the intelligible Universe in the Philosophy of Plotinus*, Cambridge 1940, Amesterdão 1967[2], pág. 23 e ss.

O COSMOS INTELIGÍVEL

Porque é que o Uno é o Bem? Por vários motivos, todos eles igualmente válidos. Antes de mais, é o fundamento da essência (VI, 9 [9], 23): todas as coisas são aquilo que são enquanto constituem uma unidade específica, enquanto são unas cm si mesmas. E o Uno é o Bem também porque é aquilo a que se remonta como termo absoluto; portanto, figura, enquanto tal, como objecto supremo do desejo (VI, 7 [38], 25 e ss.). É o Bem porque, como termo último, é também absolutamente auto-suficiente, causa da causa (VI, 8 [39], 18, 38 e ss.); e se é o primeiro absoluto, não é tal em virtude de uma pura colocação, mas pela sua superioridade em excelência e poder (ibid. 20, 31). É o Bem, por fim, e Plotino repete-o incessantemente, porque fonte de vida e de energia: é uma potência activa, não pode permanecer fechado em si mesmo, porque de outra forma não haveria processão dos seres, nem multiplicidade, nem existências singulares (IV, 8 [6], 1 e ss.). O movimento, dirá mais tarde Plotino, criticando uma célebre definição de Aristóteles segundo o qual o movimento é um «acto imperfeito» (*Metaph.* X, 1066a 20-21), não é índice de uma perfeição, enquanto tendência para o repouso; pelo contrário, é perfeição expansiva e dinâmica, da mesma maneira que não é limitado às realidades que vivem no tempo (VI, 1 [42], 16, 1 e ss.). Como poderia o Bem perfeitíssimo e primeiro, ser sem movimento e sem poder? Ao invés, ele é o poder de todas as coisas, *pánton dýnamis* (V, 4 [7], 2, 15 e ss.). É um tema largamente desenvolvido nos tratados mais tardios, até ao tr. 39, já citado. Plotino esclarece nele o problema da vontade e da liberdade do Uno enquanto absoluta causa de si mesmo que é ao mesmo tempo causa do real na sua inteireza: aí, à *enérgueia* do Uno, à sua intrínseca força e potência que redunda no ser, é aplicado o termo de «vontade», *boúlesis*, tradicionalmente utilizado para indicar a acção humana, mas liberto de todas as implicações da contingência: o Uno é todo vontade, identifica-se com a sua própria vontade (VI, 8, 21, 15); por um acto de vontade eterno e imutável, dele deriva o real. O processo da realidade a partir do Uno supremo costuma designar-se por emanação; mas, de facto, a palavra, no seu aspecto físico, corresponde bastante impro-

97

priamente ao pensamento de Plotino, e tem mais valor pela sua metáfora do que pelo seu autêntico discurso filosófico([10]).

Não faltam as influências de Aristóteles na especulação de Plotino acerca do bem; bastariam os momentos em que o bem se configura no seu aspecto mais propriamente objectivo, de termo último, sumamente desejável, que recordam páginas bastante conhecidas da *Metafísica*([11]). E é claro que tudo o que de aristotélico se encontra já transferido para a história do platonismo é herdado em pleno por Plotino: não se esqueça que, em Aristóteles, temos de identificar o primeiro verdadeiro fundador de uma teologia monista. Mas desde já fica claro que Plotino utiliza os termos de *dýnamis* e de *enérgeia* de maneira radicalmente diferente de Aristóteles. Para Plotino, *dýnamis* não é imperfeição, capacidade não realizada, que se dirige para a realização, mas que efectivamente ainda dela está privada; é poder no acto de se realizar. E neste sentido aproxima-se de *enérgeia* até quase se identificar com ela, mais do que, como em Aristóteles, contrapor-se a ela: uma vez que *enérgeia* não é o acto como realização efectuada ou perfeição realizada, mas também potência activa no acto de se desdobrar, movimento em acto que se supera infinitamente a si mesmo no seu próprio realizar-se.

Quando Plotino se interroga como poderia o bem perfeitíssimo não ter movimento nem pensamento, o que ele tem em mente é uma passagem célebre do *Sofista* (248e). É uma passagem em que Platão levantara a mesma questão, e que ainda hoje continua a ser motivo de irritação para os críticos; mas encontrou acolhimento e explicação no enquadramento da tendência, própria do platonismo tardio, para exaltar o momento da dinâmica do ser. Como poderia o bem não ter movimento nem vida, repete Plotino na esteira de Platão?([12]). E aqui o seu discurso

---

([10]) H. Dorrie, *Emanation. Ein unphilosophisches Wort im spätantiken Denken*, in *Parusia*, 1965, pág. 119-41, mais tarde in *Platonica Minora*, pág. 70-85.

([11]) Por ex., *Metaph.* XII, 1072a; e outras análogas, tais como *Eth. Eud.* I, 1094a, 1097a; *Metaph.* I, 983a–988b.

([12]) Plotino cita explicitamente o passo de Platão, referindo, porém, o seu discurso à inteligência, in V, 4 [7], 2, 44-45, pouco depois de ter afirmado

torna-se particularmente complexo. Porque este Uno negativo e inefável, do qual nada se pode predicar, está carregado de conotações específicas que, muitas vezes, ameaçam aproximá-lo perigosamente daquilo que dele, primeiro Inteligente e Inteligível, imediatamente deriva. Plotino está consciente da dificuldade e procura escapar-lhe de todas as formas. Procura fugir-lhe, esforçando-se por esclarecer o sentido especialíssimo em que a definição do bem se pode aplicar ao Uno e, como dentro em breve veremos melhor, como este princípio supremo poderá ser vida e energia que transborda, sem que por isso, aristotelicamente, se identifique com o supremo pensamento. A transcendência absoluta e total do Uno deve ser salva, mas salvando juntamente a sua função de fonte energética do real.

Plotino lê em *Resp.* 509a–b que o Bem (isto é, para ele o Uno) se situa *epékeina tês ousías,* para além do ser. Em VI, 9 [9], 11, 42, afirma a solidão do Uno, na medida em que ele não está «no ser», mas para além dele: não é uma *ousía*, «essência», mas «para além da essência»: expressão, dirá ele muito mais tarde (VI, 8 [39], 19, 1 e ss.), que foi formulada pelos «antigos» de forma enigmática, de tal maneira que nos incumbe a tarefa de a explicar. Encontramos esta fórmula numa extensa lista de passos; podemos referir alguns, como II, 4 [12], 16, 25, num contexto em que se fala da matéria inteligível, ou I, 3 [20], 5, 7 e ss., onde se encontram elencados o ser, a inteligência, aquilo que está para além do ser; ou ainda em V, 5 [32], 6, onde se teoriza a identidade entre essência e forma, para dizer que o Uno está para além destas; existem os seres (*ónta*) e o ser, aquilo que é (*ón*), mas o Uno é *epékeina óntos*. Porque o Uno, enquanto fundamento da essência, é «fonte do ser» VI, 8 [39], 14, 32-33; por conseguinte, é transcendente a este; não é o bem, enquanto age ou pensa, mas enquanto permanece em si mesmo

---

a «vitalidade» e a «dinâmica» do Uno: de tal maneira que parece alargar-se a ambas as hipóstases. A exegese a favor da inteligência seria mais correcta; no passo, *Soph.*, 248e, que muitas vezes serviu à crítica para fundamentar uma interpretação tendencialmente neoplatonizante de Platão, este indica, sem dúvida, o *noûs* como «inteligível dinâmico» e não as ideias, que, como sabemos, distingue rigorosamente dos «pensamentos».

na sua identidade absoluta: uma vez que está para além da essência, está também para além do acto (*enérgeia*), para além e acima da inteligência e do pensamento (I, 7 [54], 1, 19 e ss.). Esta última é uma fórmula que não coincide exactamente com a de VI, 8 [39], 16, 35-36: onde se afirma que o Uno é muito superior à inteligência, ao pensamento, mas é definido em si mesmo como *enérgeia*: «energia acima do intelecto, da inteligência, do pensamento». Plotino não consegue escapar à definição do Uno em termos de energia espiritual, força, poder absoluto.

No entanto, o Uno não se define. Ele está acima do ser e, portanto, acima de qualquer possível definição. Se o definimos como «bom» pela própria razão de que é o bem, devemos defini-lo como *hyperágathos*, «super-bom», para indicar a sua superioridade a qualquer definição e à própria definição de bem (Plotino, aliás, nunca chega a afirmar que o Uno está acima do próprio bem, o que em primeiro lugar seria uma traição a Platão) (VI, 9 [9], 6, 40). Este aspecto é retomado mais tarde, em VI, 7 [38], 38, 2 e ss.: não podemos predicar o bem acerca do Uno como de qualquer outra realidade, não podemos afirmar que «é bom»; uma vez que o bem não é inerente ao Uno, mas se identifica em absoluto com ele. Se dissermos, por exemplo, que o Uno é auto-suficiente, temos de esclarecer que ele se situa para lá da própria auto-suficiência (V, 3 [49], 17, 14); e se dissermos que tem uma vontade, temos sempre de esclarecer que está acima desta, «superior a todo o querer» (VI, 8 [39], 9, 44); até que, no último tratado, o 54 8I, 7, 1, 19 e ss.), Plotino chegará, como vimos, a colocar o Uno também para lá e acima da própria *enérgeia*, contradizendo-se em parte a si próprio. Mas já desde o início do seu ensino (VI, 9 [9], 38, 7 e ss.) tinha esclarecido também em forma linguística e gramatical esta interdição de definição: o facto de antepor o artigo, de dizer «o Bem», parecia-lhe já uma deformação perigosa; porque o Uno não é o Bem, mas é o Uno-Bem, com base numa identificação imediata, primitiva, fundamental, que não se traduz numa definição categorial.

Ora, uma vez estabelecida a realidade do Uno-Bem nestes termos, o problema consiste em ver como se poderá descrever a derivação do real a partir dele, e em particular daquele primeiro real que dele jorra, a Inteligência. Este processo é descrito por Plotino a partir, por assim dizer, «de baixo»: Plotino não nos diz como o Uno gera a Inteligência, mas como, a partir do Uno, a Inteligência se gera a si mesma. O Uno «superabunda» e gera: a realidade gerada voltando a ele por um acto de «retorno» (*epistrophé*) enche-se com ele e, olhando para ele([13]), gera-se a si mesma como pensamento e como intelecto (V, 2 [11], 1, 6 e ss.). O acto do pensamento é, pois, descrito com precisão, enquanto à geração por parte do Uno apenas se alude mediante o conceito de «superabundância», *hyperpléres* (V, 2 [11], 1, 6 e ss.) Ou então, noutro lugar, mais tarde (V, 3 [49], 11, 2 e ss.) o acto de inteligência é apreendido na sua raiz, como uma tendência ainda vaga que depois se determina objectivando-se, acolhendo em si o bem como seu objecto primeiro, um objecto que preenche a própria inteligência e lhe dá forma: também neste caso, e ainda mais claramente do que no outro, a descrição do processo ilumina mais o segundo momento do que o princípio. Quando pretende precisar melhor o conceito da superabundância redundante do Uno na sua descida para gerar o real, Plotino não recorre a uma exposição estritamente teorética, que seria insuficiente para o assunto: recorre a uma imagem privilegiada, a da luz que jorra de uma fonte e se difunde.

A raiz da metáfora, encontra-se, obviamente, em Platão. Plotino atende sobretudo à analogia com o sol de *Resp.* 508b 3, onde o bem se diz como «absolutamente semelhante ao sol pela sua essência»; e também ao paralelo entre o bem e o conhecimento, por um lado, à luz e à visão por outro, de 507d 8 e ss., carregado a seus olhos de uma relevância metafísica, que na página platónica não possui. Este passo é quase parafraseado em VI, 7 [38], 16, 24 e ss.; «assim como o sol é a causa pela qual as coisas são geradas e vistas, sem que ele seja nem a coisa

---

([13]) Sigo a interpretação que refere *prós autó* ao Uno e não «a si próprio», isto é, à própria inteligência (é a solução adoptada por Henry-Schwyzer na *editio minor*). Para toda a questão, cf. (aliás, com propensão para uma solução diferente) M. L. Gatti, *Plotino e la metafisica della contemplazione*, Milão 1982, pág. 39, n. 40, que faz do problema uma análise muito pontual.

INTRODUÇÃO A PLOTINO

gerada nem a visão, assim também o bem é a causa da inteligência e do ser, a luz que corresponde aos objectos que a inteligência vê e à própria inteligência contemplativa». Não só toda a obra de Plotino está invadida pela analogia da luz, mas esta tende a acentuar-se nos tratados da maturidade. Se em V, 1 [10], 6, 28 a processão do real a partir do princípio supremo é identificada com uma «luz que irradia à sua volta» (*perílampsis*), noutros passos a difusão da luz por toda a esfera do ser, a partir de um ponto luminoso central – com referência imediata ao sol, com passagem analógica para uma luz superior imaterial – é representada visualmente em forma icástica (VI, 4 [22], 7) e a imagem é ainda, noutras passagens, retomada sob a forma de uma série de círculos luminosos que irradiam, propagando-se vitalmente, a partir de uma «grande luz» (IV, 3 [27], 17, 12 e ss.). No tratado 49, sobre as hipóstases inteligíveis (V, 3, 8, 24 e ss.), toda a natureza inteligível é vista como luz: daí, a comparação do bem com a fonte de que brota a natureza e a definição de inteligência como «luz primeira». Noutro passo, chama-se luz ao próprio pensamento (VI, 7 [38], 41, 1 e ss.); e poderíamos multiplicar os exemplos.

Além de Platão, a assimilação inteligente/inteligência e luz conduz-nos a ulteriores desenvolvimentos. Leva-nos, em primeiro lugar, ao jovem Aristóteles, o Aristóteles platonizante de *Sobre a Filosofia*, que identificava também sabedoria e clareza luminosa, *sophía* com *saphés*[14]; mas leva-nos ainda mais além, à mediação da teologia solar estóica ou estoicizante, que não poderíamos excluir do complexo entrelaçamento de contributos de que se alimenta o pensamento de Plotino. Alguns traços realistas da teoria estóica foram já recebidos, com transposição para a esfera do incorpóreo, por parte do platonismo médio; o facto de se tornarem metáfora não significa que tenham ficado reduzidos a reclame puramente literário: para o platonismo, em particular para Plotino, a metáfora é «imagem real», ou realidade secundária de carácter analógico. Se, para

---

[14] Fr. 8 Ross, 1 Untersteiner; cf. o comentário de M. Untersteiner, Aristóteles, *Della Filosofia*, Roma 1963, pág. 121 e ss.

O Cosmos Inteligível

Platão, o sol é a imagem do bem, para os estóicos a energia vital que permeia todo o ser irradia do sol, segundo a cosmologia de Cleantes (que tinha o sol por centro da energia cósmica, plectro divino que faz ressoar a harmonia das esferas) ou a de Possidónio, cuja teoria da emanação vital encontrava no sol uma radiosa expressão cósmica[15]. É difícil acreditar que Plotino tenha sido estranho a estes desenvolvimentos. Simplesmente, não deve esquecer-se que a sua recuperação dos temas estóicos foi possível graças à mediação de Platão: daquele Platão que falara do conhecimento intelectivo como «luz que jorra, se acende e se alimenta de si mesma»[16].

2. O pensamento como ser primeiro

Há um momento em que a teoria do Uno em Plotino parece aproximar-se de forma deveras comprometedora da teoria do inteligível. É o momento em que, ao teorizar a autoconsciência, parece não estar disposto a negá-la de todo ao primeiro princípio, que, no entanto, tende em toda a parte a distinguir com a máxima clareza do acto de pensar. Plotino regressa a este problema pelo menos duas vezes. A primeira é em V, 4 [7], 2, 15 e ss.: o Uno, afirma ele, «não é como um ser privado de consciência... A sua reflexão sobre si mesmo, que se identifica com ele próprio, consiste numa espécie de eterno repouso e

---

[15] Sobre Cleantes, cf. SVF I, 499, 502; a questão de Possidónio é mais complexa, e hoje tende-se talvez a minimizar excessivamente a influência deste autor, que pelo contrário teve grande sucesso na crítica durante várias décadas. Sobre a aceitação da tese da sua grande influência sobre o platonismo médio, seguindo K. Reinhardt, *Kosmos und Sympathie*, Munique 1926, cfr. W. Theiler, *Vorbereitung*, cap. II; sobre a individuação da teologia solar possidoniana ainda hoje, Theiler, *Poseidonios. Die Fragmente*, Berlim-Nova Iorque 1981-83, II, pág. 193-200, 260 (em referência aos fr. 290 a, 358b, 360, de Cleomedes, Macróbio, Cícero).

[16] *Epist. VII*, 344b 7. A melhor abordagem a este propósito continua a ser a de J. Stenzel, *Der Begriff der Erleuchtung bei Platon*, «Die Antike», III (1926), pág. 235-57, hoje em *Kleine Schriften*, Darmstadt 1956, 151-70.

INTRODUÇÃO A PLOTINO

num pensamento diferente do pensamento próprio da Inteligência». A segunda vez esforça-se por garantir ao primeiro princípio pelo menos uma forma primária, imediata, pontualíssima de consciência de si: em VI, 7 [38], 38, 25-26, onde, a concluir um longo discurso sobre a liceidade de conceder, ou não, ao bem a consciência de si, parece inegável que Plotino lhe reconhece «uma certa intuição simples, relativa a si próprio»([17]). É a consequência, a que não pode escapar, de ter declarado o bem como energia vital suprema: como pode essa energia vital e espiritual suprema estabelecer-se como o inconsciente absoluto, o irracional total? «Simples intuição», no entanto: absolutamente unitária na sua imediatez total; visto que o acto de se pensar a si próprio com consciência alargada e reflexão intelectiva é já um duplicar-se e negar-se como Uno.

Na *República* (509a) Platão expusera o problema da relação intercorrente entre a verdade e a ciência em forma analógica relativamente ao sensível, isto é, à relação da luz e da visão com o sol. Assim como a luz e a visão não são o sol, mas «têm a forma do sol», assim também a verdade e a ciência, graus superiores do conhecimento, não são o bem, mas têm a forma do bem, modelam-se por ele, o qual, aliás, permanece para além deles e os transcende, não pensamento mas objecto e referência última do pensamento. Como é habitual, Plotino parte destas premissas para as transformar. O intelecto, na verdade, não está separado do seu objecto, na medida em que este

---

([17]) Continua a ser fundamental para esta questão H. R. Schwyzer, *«Bewusst» und «unbewusst» bei Plotin*, in «Entr. Fond. Hardt», V, pág. 341-78, com toda a discussão que se segue, pág. 379-90 (acerca do conceito de *synaisthesis* em Plotino, deve hoje consultar-se também A. Graeser, *Plotinus and the Stoics*, Leiden 1972, pág. 133 e nota). Schwyzer fixa com clareza, e a discussão define-se, a diferença radical que Plotino apresenta entre «consciência de si» e «conhecimento de si»; mas não esconde as grandes dificuldades da teoria de Plotino (cf. em part. pág. 387), dificuldades que já haviam impressionado O. Becker, *Plotinus und das Problem der geistigen Aneignung*, Berlim 1940, impelindo-o a procurar a solução – de acordo com uma prática largamente estabelecida nas primeiras décadas deste século, sob a influência historicista – em duas fases cronológicas distintas da teoria do Uno.

é uma forma inteligível: dentro em pouco, veremos melhor como a inteligência se identifica com as próprias formas inteligíveis nela encerradas. Mas distingue-se daquele que é o seu superior objecto, na medida em que ela é já uma forma gerada, algo que é «sobre-pensamento», *hypernóesis*. É a primeira e directa filiação do bem formada sobre ele, ou, melhor ainda, exprimindo em forma definida aquilo que no primeiro princípio permanece ainda sem forma, em virtude da sua infinidade (VI, 7 [38], 15, 9-23; 16, 5; 18, 1; 21, 4-8). Por conseguinte, não coincide com o bem, mas deriva do bem que a transcende, dando-lhe forma ou assumindo nela uma forma.

Formar-se, definir-se, por um lado, e pensar ou pensar-se, por outro – articular-se na complexidade de sujeito inteligente e objecto inteligível – é aceder à primeira forma de duplicidade. É neste ponto que, mais uma vez, Plotino se socorre da exegese do *Parménides* e lê na segunda hipótese sobre o Uno a sua segunda hipóstase[18]. Isto ocorre, por vezes, de forma explícita, como em VI, 4 [22], 9, 7-8 e em VI, 2 [43], 22, 13-15, ou então, como noutros lugares acontece com frequência, de forma implícita. A segunda hipótese do *Parménides* toma em consideração (142a e ss.) o Uno como um todo que tem partes. Ora, para Plotino, na inteligência, primeira derivação do Uno, actualiza-se pela primeira vez inteiramente o ser: e se o Uno, acima do ser, não tem partes, o ser, pelo contrário, mesmo na sua unidade, articula-se necessariamente em partes, é uma unidade articulada (VI, 2 [43], 11, 40 e ss.; III, 7 [45], 4, 9 e ss.). A inteligência, ser por definição, é por excelência uma totalidade orgânica de partes, na medida em que se articula nos inteligíveis (VI, 2 [43], 21, 7 e ss.; III, 2 [47], 1, 29 e ss.). Visto que Platão (*Parm.* 144a, 145a) diz que o Uno, na medida em que é composto de partes, é limitado, tem um início, um fim e um meio, tem uma forma e uma figura, Plotino retira desse facto as suas deduções acerca do carácter limitado e finito da inteligência contra a «ausência de forma» do Uno: ela é delimitada pelo seu princípio generativo (V, 1 [10], 7, 39 e ss.), é a pri-

---

[18] Charrue, *Pl. lecteur de Pl.*, pág. 85-104.

INTRODUÇÃO A PLOTINO

meira multiplicidade que deriva de um acto limitativo e formativo (VI, 6 [34], 3, 12 e ss.; VI, 7 [38], 17).

A influência do *Parménides* combina-se e entrelaça-se com a do *Sofista*. Se os conceitos de mesmo e outro, de movimento e repouso, afloram no desenvolvimento do primeiro destes diálogos (146b, 147b), é sobretudo no outro que recebem o seu mais amplo desenvolvimento, na medida em que são «géneros supremos»; decerto, não da mesma maneira como, mais tarde, Aristóteles utilizará o termo, mas enquanto ideias ou formas fundamentais para o facto de que nenhuma realidade sensível escapa à participação nelas (*Soph.* 254b-257a). Ora, para Plotino, estes géneros supremos, alteridade e identidade, movimento e repouso, compõem-se em unidade, enquanto complexo de formas em que se articula unitariamente o ser; que não é, como no *Sofista*, uma ideia ao lado das outras, ele próprio um dos géneros supremos, mas o vivente juntamente com as formas. Por outras palavras, a Inteligência ou Intelecto, o Espírito([19]), o *Noûs*, é o pressuposto, que não se pode eliminar, da interpretação da «comunhão dos géneros» do *Sofista*: a *symploké*, a concordância recíproca das ideias, a possibilidade de que os reais participem de mais ideias entre eles reciprocamente compatíveis – o património de conceitos lógicos em que assenta o desenvolvimento do *Sofista* – tornou-se para Plotino o atributo unitário do acto supremo de contemplação próprio da Inteligência suprema, que unifica em si os inteligíveis, pensando-os e vivendo-os juntamente, que os faz conviver em si, ao mesmo tempo que os exprime e os formula. Poderíamos citar muitos passos em que se propõe esta relação entre ser, pensante, pensado: VI, 7 [38], 39, 1 e ss.; V, 3 [49], 5, 28; e outros mais.

À concepção aristotélica da *ousía* primeira como pensamento do pensamento, presente no livro XII da *Metafísica*, deve Plotino muitíssimo. «O pensamento que é de per si é o pensamento daquilo que é mais elevado», dissera Aristóteles (*Metaph.*

([19]) «Espírito» é a palavra utilizada por V. Cilento na sua introdução italiana (Bari 1947-49, 1973²) para traduzir o *«noûs»*. Cf. a justificação desta opção in «Entr. Fond. Hardt», V, pág. 421; hoje, é aceite por G. Reale, *Storia della filosofia antica*, IV, Milão 1978, pág. 531, n. 7.

106

XII, 1072b 17 e ss.), «o óptimo daquilo que é óptimo, superior a tudo; e o pensamento pensa-se a si próprio por participação do inteligível»; e, mais a diante (1074b 34 e ss), «portanto, o intelecto pensa-se a si mesmo, pois é aquilo que há de mais elevado, e o seu pensar é o pensamento do pensamento»([20]). De Aristóteles parte a identificação da suprema forma de ser com a inteligência pensante, que, em primeiro lugar, se pensa a si mesma, em virtude do princípio segundo o qual, no reino do inteligível, objecto e sujeito se identificam imediatamente (mais uma vez *Metaph.* 1072b 19-20: «o intelecto torna-se inteligível quase por contacto e mediante o próprio pensar, de tal modo que inteligência e inteligível acabam por coincidir»; de forma análoga no *De Anima,* 430a 2 e ss., «a inteligência pensante e o seu objecto são a mesma coisa»). E, para Plotino como para Aristóteles, a inteligência é acto primeiro, isento de potência, eterno, vivo, supremo entre todos os valores na escala do ser. No entanto, Aristóteles é objecto incessante da polémica plotiniana; isso deve-se ao facto de ele não se ter dado conta de que a condição suprema do pensar-se a si mesmo é um desdobrar-se perante a absoluta simplicidade exigida pelo princípio primeiro e, ao contrário de Platão, não compreendeu que o real não culmina no ser primeiro, mas num *epékeina,* num para além do próprio ser.

A polémica é particularmente explícita em VI, 7 [38], 37, 1 e ss. Alguns atribuíram ao próprio bem o pensamento, não de outras coisas inferiores a ele, mas de si mesmo, como daquilo que existe de mais elevado e precioso. Mas o bem possui em si mesmo o seu valor, antes de qualquer acto, seja ele o mais alto e elevado, justamente o de pensar. Pensar é sempre voltar-se para um objecto, é acrescentar algo ao próprio ser, é sair da unidade, duplicar-se, ainda que se faça de si mesmo o objecto da própria contemplação; é sempre um buscar-se a si mesmo e

---

([20]) Cinjo-me à interpretação tradicional, contra a interpretação neoplatonizante oferecida hoje por H. J. Kramer, *Zur Geschichtlichen Stellung der aristotelischen Metaphysik,* «Kant-Studien», LVIII (1967), pág. 313-54; *Grundfragen der aristotelischen Theologie,* «Theologie und Philosophie», XLIV (1969), pág. 363-82, 481-505.

INTRODUÇÃO A PLOTINO

a sua própria essência. Note-se que Plotino cita Platão com uma frase que não encontra na obra platónica qualquer confronto exacto: «Platão afirma justamente que ele (o primeiro princípio) está acima da inteligência»; visto que o ser em si mesmo é identificado por Plotino com a Inteligência, devemos pensar que a passagem a que se refere é ainda «o bem para lá do ser» que se lê na *República*. Por outras palavras, Plotino aceita plenamente a identificação aristotélica de intelecto pensante e primeiro ser; mas, em oposição a Aristóteles, nega que este «primeiro ser» se identifique com o «primeiro» de forma absoluta, com o primeiro princípio (V, 1 [10], 9, 7 e ss.: «quem disser que ele se pensa a si próprio... não o torna verdadeiramente primeiro»).

E, todavia, o primeiro intelecto, a primeira inteligência de Plotino é uma criação aristotélica na sua derradeira origem: acto primeiro, isento de potencialidade, eterno, vivo, óptimo entre todos os valores da escala do ser. Num tratado dedicado à contemplação, um dos mais significativos das *Enéades*, encontramos enaltecida a teoria pura, acto supremo do intelecto, situada no cume do ser (III, 8 [30], 7, ou seja, a primeira na ordem das coisas que são; ela é também a vida primeira, acto que transcorre por todas as coisas (*ibid*. 9, 33 e ss.); e aqui a ideia de «transcorrer» faz que ao tema aristotélico se acrescente um não eliminável toque de influência estóica: a ideia de uma «razão decorrente», *diékon*, por toda a realidade, faz parte integrante do património filosófico da antiga *Stoá*[21]). Aristotélica é também a linguagem da inteligência como aquilo que é «por si mesmo», enquanto tudo o resto é ordenado para ela (VI, 8 [39], 7, 1 e ss.); de tal maneira que o *noûs* goza de uma liberdade infinita e sem limites, tendo em si mesmo a sua razão; em certo sentido, repete-se para o *noûs* aquilo que num tratado ulterior, o tratado 49, como já vimos, Plotino afirma acerca do primeiro princípio. De resto, é justamente nesse mesmo tratado 49 que a inteligência é definida como «rei», *basileús* (V, 3, 3, 44);

---

[21] SVF II, 414, 416, 1027; cf. em geral SVF, *Index* (sob a orientação de M. Adler) s.v.

108

atributo que noutro lugar é dado, pelo contrário, ao próprio Uno (I, 8 [51], 2, 8). Fonte de autoconsciência, a inteligência é «pensamento essencial», superior a qualquer outra forma do ser em prioridade e «beleza» (V, 3 [49], 4, 43 e ss.). A inteligência que Plotino teoriza desta maneira não é «discurso»; este situa-se num nível ulterior, é derivado e secundário, não coincide imediatamente consigo mesmo, mas recebe da inteligência primeira o seu acto (*ibid.* 7, 26). Pensar é, pois, acima de tudo e em primeiro lugar, um acto imediato e intuitivo, do qual o acto discursivo, dianoético, constitui um prolongamento, uma exteriorização, mas também, como sempre, uma derivação, e portanto uma degradação e extenuação. A Inteligência é o primeiro acto do Uno-Bem, a primeira essência em que ele se torna extrínseco: absoluta e supremamente intuitiva, não procede na sua primeira manifestação por premissas e conclusões de silogismo, mas coincide imediatamente com todo o ser (I, 8 [51], 2, 21 e ss.).

E, no entanto, Plotino jamais pode esquecer que a inteligência não é o Uno, que tem já em si mesma uma primeira multiplicidade. É singular ver como ele recupera a este propósito, voltando-a para efeitos de todo diferentes dos originários, a doutrina platónico-académica dos princípios. No tr. 7 (V, 4, 2, 7 e ss.) Plotino efectua uma exegese muito particular de um passo da *Metafísica* (I, 987b 18), onde Aristóteles fala de derivação das ideias e dos números([22]) a partir do Uno e da díade indefinida: «esta é, de facto, a inteligência: pois ela não é simples mas múltipla, e revela uma intrínseca composição inteligível». É uma exegese que, na realidade, capta um único aspecto da referência aristotélica: aquele segundo o qual o Uno e o grande-pequeno são respectivamente o princípio formal e o princípio material das ideias; e isto serve a Plotino para atribuir

---

([22]) A leitura que Plotino faz deste passo de Aristóteles é *eíde kaí arithmós*; no entanto, nos nossos códices, esse *kaí* não existe. É a mesma leitura que faz o comentador Asclépio, e que hoje é proposta por alguns críticos modernos como solução do problema deste difícil passo (cf. G. Reale, *Aristotele: La Metafisica*, Nápoles 1968, I, pág. 121 e 178). Sobre todas as questões relativas à interpretação do passo cf. ZM II, 3, pág. 107-9.

INTRODUÇÃO A PLOTINO

à «díade indefinida» o papel de «matéria inteligível»([23]). Mas a elaboração tendencialmente dualista da primeira Academia ruiu totalmente: nenhuma dualidade de princípios regula a totalidade do ser, nem o «segundo princípio» tem alguma relação com o problema da matéria física, do mal, do não ser, ou se estabelece de alguma forma como fonte do indefinido, desordem, caducidade sensível. A matéria enquanto tal, para Plotino, não é princípio, nem se encontra no cimo da hierarquia do ser: está no extremo oposto a esta, é o seu último resíduo. Aliás, nem tão-pouco a díade indefinida ou primeira duplicidade é princípio: em Plotino, tem apenas o carácter do desdobrar-se intrínseco da Inteligência em sujeito e objecto, isto é, que faz dela uma realidade segunda, frente à única realidade primeira que é o Uno.

3. As ideias como forças

A concepção plotiniana da inteligência é, pois, tudo menos unívoca e linear. Em Plotino combatem-se duas exigências, a que afirma a dualidade do sujeito e objecto na inteligência para asserir a sua complexidade perante a absoluta simplicidade do Uno; e a exigência unitária de origem aristotélica que o torna, apesar de tudo, constantemente fiel ao princípio de que a inteligência pura se identifica com o seu objecto inteligível. Este segundo motivo domina a exposição de Plotino quando ele começa a falar da relação que existe entre a inteligência enquanto sujeito pensante e as ideias que constituem os seus pensamentos: eles formam o «mundo inteligível» que, considerado na sua unidade, se identifica com o próprio intelecto.

Topamos com este tema afirmado mais vezes. Encontramo-lo nos primeiros tratados (V, 9 [5], 5), mas em termos não diversos nos mais tardios: II, 9 [33], 1; v, 3 [49], 5. Entre o sujeito pensante e o conjunto dos modelos eternos do real, que constituem

---

([23]) Cf. J. M. Rist, *The Indefinite Dyad and Intelligible Matter in Plotinus*, «Class. Quart.», N. S.. XII (1962), pág. 99-107.

110

os seus modelos primeiros, vigora uma relação de identidade e coincidência. Ou, por outras palavras, a inteligência primeira é um *kósmos noetós*, que tem um aspecto activo e subjectivo (o acto do pensar) e um aspecto passivo e objectivo (o conjunto orgânico das ideias). Platão falara do «Vivente em si» ou «Vivente perfeito» (*Tim.* 30c, 31b; *Soph.* 248e) e, de certa maneira, desta sua página é possível extrair-se, embora aí não esteja explicitamente presente, a expressão de «vivente inteligível», que Plotino utiliza mais vezes. A expressão «cosmos inteligível», pelo contrário, não é de Platão, mas pertence à tradição platónica. O facto de a encontrarmos em Fílon de Alexandria não significa que Plotino a vá buscar necessariamente a textos filonianos; ela pode existir antes de Fílon, pertencer talvez ao platonismo alexandrino, do qual Fílon provavelmente depende([24]). Mais tarde, Simplício e João Filipono dar-nos-ão a conhecer uma divergência acerca da interpretação do platónico «vivente em si», no decurso do platonismo: cosmos inteligível (Simplício, *In Arist. de an.*, pág. 29, 15 e ss., e Hayduck) ou ideia do ser vivente (Filipono, *In Arist. de an.*, pág. 81, 9 e ss., e Hayduck)? Destas duas tradições interpretativas, a primeira é certamente a que foi aceite por Plotino.

No *Timeu*, ele lê que o vivente supremo abrange em si os «viventes inteligíveis» (*Tim.* 30c), o que nele se traduz na teoria segundo a qual a inteligência pensante encerra em si todas as ideias, com um acto imediato de intuição. O *noûs* é ele mesmo, imediatamente, «as realidades que são», que são por excelência, daquela verdadeira essência que é a essência racional (V, 9 [5], 6). A inteligência que encerra as ideias não é só natureza

---

([24]) Contra a excessiva confiança de H. Guyot, *Les réminiscences de Philon le Juif chez Plotin*, Paris 1906, acerca da derivação directa de Plotino proveniente de Fílon, fez-se valer o princípio oposto, segundo o qual Fílon só era lido por autores interessados no Judaísmo, hebreus ou cristãos (E. Goodenough, *Introduction to Philon Judaeus*, Oxford 1962, pág. 96); cf. também P. Merlan, *Plotinus and the Jews*, «Journ. Hist. of Philosophy», II (1964) pág. 15-21, em part. pág. 21. Cf. sobre a exclusão da dependência de Fílon quanto ao conceito de *lógos*, também J. M. Rist, *Plotinus. The Road to Reality*, Cambridge 1967, pág. 100 e ss.

INTRODUÇÃO A PLOTINO

inteligível, mas é rica em todas as possíveis energias ou forças, é *pantodýnamos* (ainda *ibid.*, 9, 8 e ss.). Desta maneira, à inteligência na sua função geradora é dado, numa passagem (VI, 9 [9], 5, 14 e ss.), o atributo de «pai» que, noutros passos, parece próprio do Uno; mas, ao mesmo tempo, proporciona-se à ideia a mesma definição de «natureza inteligível» que compete ao intelecto: a própria ideia, cada ideia singular, é inteligência e intelecto, natureza inteligível (V, 9 [5], 8, 2-3). Enquanto intrinsecamente conexo em cada uma das suas partes, o intelecto-cosmos inteligível é o ser mais unitário que existe, se se prescindir da própria unidade suprema (V, 5 [33], 4, 4 e ss.), ou seja, daquela unidade que nem sequer é ser, mas que se situa acima de todo o ser.

Já vimos, em parte, como Plotino se esforça por encontrar fundamentada em Platão a identificação da inteligência com a ideia (V, 1 [10], 8, 7 e ss.); como à afirmação se acrescenta a citação da máxima parmenideana «pensar e ser é a mesma coisa», em que Plotino vislumbra uma primeira consciência ambígua e imperfeita desta identidade. Encontramos explicitado este pensamento de forma mais completa no tratado tardio *Sobre as Hipóstases Cognoscitivas*: aqui, Plotino analisa, a partir de dentro, o acto contemplativo da inteligência (V, 3 [49], 5) e conclui uma série de aporias com a afirmação de que a contemplação deve necessariamente coincidir com o contemplado, o acto que pensa com o objecto pensado: «portanto, a inteligência e o inteligível são uma só coisa com o ser; e isto é o primeiro ser; é primariamente a inteligência que tem em si os seres, ou melhor, que se identifica com os seres que tem em si». Desta maneira, Plotino vai além do tradicional esquema demiúrgico médio-platónico: as ideias já não se estabelecem como conteúdos ou como instrumentos do intelecto divino[25]. O conjunto das formas-energias ou forças institui-se imediatamente como sujeito inteligente e «criador». Em todo o caso, no interior da concepção da ideia, encontramos novamente proposta uma certa gama tradicional de definições. As ideias são

---

[25] Armstrong, *Architecture Intelligible Universe*, pág. 88.

112

modelos ou arquétipos; as ideias são forças; as ideias são formas. São conceitos que não se sobrepõem absolutamente uns aos outros, embora Plotino se esforce, uma e outra vez, por unificá-los. Por outras palavras, a ideia possui uma função transcendente, que é a que mais estreitamente adere ao espírito da filosofia platónica; mas Aristóteles não passou certamente em vão; na sua relação com o sensível, a ideia assume uma função de princípio informante e plasmador que denuncia claramente a sua origem aristotélica. Nem o dinamismo da concepção plotiniana da ideia se poderia explicar sem a passagem através do eclectismo platónico-estóico.

As ideias são *enérgeiai* e *dynámeis*: já vimos como estas duas palavras têm um significado bastante diferente do aristotélico e como os dois conceitos, em Plotino, se aproximaram um do outro. Tratando da distinção aristotélica entre qualidade e substância, tema que retomará mais tarde nos tratados dedicados ao problema das categorias, Plotino no tratado 11 (II, 6, 3), toma como ponto de partida a distinção entre o «que coisa» (*tí*) e o «qual» (*poión ti*), que já se encontra em Platão, em particular na *Epíst. VII*, 343b: aquelas que, na realidade da nossa comum experiência sensível, podemos ter por qualidades acidentais relativas a uma substância, têm «lá em cima», no reino do inteligível puro, os seus arquétipos, que são actos e substâncias: à velha questão académica de se poderá haver, ou não, ideias de realidades acidentais ou apenas de realidades substanciais, Plotino responde superando o próprio problema: também a ideia de uma realidade acidental é em si mesma uma substância([26]). Mas ser substância significa, antes de tudo, ser acto, ser poder que se realiza. Assim, noutro passo (III, 6 [26], 4, 37) a ideia diz-se «acto» que «age» com a sua presença: assim Plotino retoma o termo platónico de *parousía,* dando-lhe um significado dinâmico, que certamente não possuía no texto de Platão. Todo o ser inteligível, isto é, toda a ideia, tem em si

---

([26]) Sobre esta questão, cf. Aristótele, *De ideis*, fr. 3, pág. 124 Ross; vide também a discussão em E. Berti, *La filosofia del primo Aristotele*, Pádua 1961, pág. 215 e ss.; W. Leszl, *Il De ideis di Aristotele*, Florença 1975, pág. 225-37.

INTRODUÇÃO A PLOTINO

mesmo a sua causa, a sua razão de ser, o seu princípio activo: em certo sentido, pode dizer-se que não tem causa, porque tem em si imediatamente a sua causa, porque nele causa e efeito coincidem (VI, 7 [38], 2, 15 e ss., 35 e ss.). As ideias são assim descritas como forças ou potências da inteligência primeira (VI, 2 [43], 21, 8 e ss.): «ela é una e múltipla, e isso em virtude das suas potências, potências admiráveis e isentas de fraqueza, grandíssimas enquanto puras, exuberantes e vivas e não limitadas à sua entidade: dotadas de infinidade, ilimitação, grandeza».

Modelos perfeitos do real, potências activas, actos, as ideias são também razões ou *lógoi*, e formas das coisas sensíveis. O conceito de *lógos* está amplamente comprometido com a *Stoá*([27]); e teremos ocasião de ver, mais tarde, como Plotino lhe faz mais de uma importante concessão, ao abordar a construção do universo físico. Utiliza mais vezes este termo no sentido verdadeiro e próprio das «razões seminais» da doutrina estóica, com expressões por vezes bastante semelhantes à de *lógos spermatikós,* utilizada pelos filósofos desta corrente: embora utilize o termo referindo-se, quase sempre, à terceira hipóstase, à alma do mundo (assim em IV, 3 [27], 10, 1 e ss.; assim em VI, 3 [44], 16 e ss. ou em III, 7 [45], 11, 23 e ss., onde o *lógos en spérmati* é quase identificado com a própria alma), nunca esquece que a inteligência é a «dispensadora das razões» à alma (V, 9 [5], 3): as «razões seminais» são um prolongamento dos arquétipos na extensão destes ao cosmos. Mas ainda mais frequentemente do que do conceito de *lógos*, Plotino parece valer-se do conceito aristotélico de forma. Porque este, na realidade, devido à sua própria origem, devido à sua própria raiz, continua muito mais estreitamente aparentado ao conceito platónico de ideia([28]), e Plotino não pode prescindir desta semelhança intrínseca.

A forma, mais do que a matéria, afirma Plotino, é substância ou essência, *ousía*: discurso em que se sente o eco de *Metaph.*

([27]) Theiler, *Plotin zwischen Platon und Stoa*, in «Entr. Fond. Hardt», V, pág. 63-86, em part. 72 e ss.; cf. mais adiante.

([28]) J. A. Sleeman, *Lexicon Plotinianum*, s. v. *eîdos* e *idéa.*

VII, 1029a, 26-28. É transmitida à matéria e infundida nela pela alma, que, como depois veremos melhor, também é essencialmente forma (III, 6 [26], 18, 24). Ela pode tornar-se «imaterial, imanente» *énylon eîdos*, incorporada à matéria, de paradigma transcendente que é na sua primeira origem, na sua essência mais própria. Depara-se aqui com a herança de certos desenvolvimentos aristotelizantes do platonismo médio: já vimos como o conceito aristotélico de forma foi aceite, por exemplo, pelo autor do *Didaskalikós*([29]). Aliás, no mesmo passo em que avança esta teoria, não há dúvida de que Plotino procura ao mesmo tempo salvar a pureza do seu platonismo: tendo-se tornado «forma imanente à matéria», «forma incorporada», a forma, em certo sentido, está corrompida pela matéria e arrisca-se a perder o seu mais verdadeiro ser (I, 8 [51], 8, 11 e ss.). Seguiremos melhor estes desenvolvimentos analisando o que é para Plotino a função demiúrgica da alma, à qual se atribui a função de intermediária das formas.

A tópica tradicional em volta das ideias-modelo exige que se enfrente o problema da extensão das próprias ideias aos sensíveis, ou, por outras palavras, o problema de quais as realidades sensíveis que se podem gerar de modo absolutamente secundário, apenas em virtude de causas sensíveis e sem a presença nelas de um modelo ordenador. A própria solução teológica dada ao problema das ideias, transformando-as em pensamentos do intelecto divino, não podia deixar de reforçar no platonismo médio a tendência para a limitação dos exemplares, em virtude do princípio segundo o qual Deus só pode pensar valores (e não des-valores), realidades naturais e segundo a natureza (e não artificiais ou contra a natureza), realidades positivas (e não formas de negatividade e não-ser, que repugnam à própria ideia do divino como ser em si mesmo por excelência). A solução de Plotino não é unívoca e é, em substância, bastante ampla na aceitação de exemplares inteligíveis para as realidades do universo, até superar frequentemente os limites mais comumente aceites na tradição platónica.

([29]) *Didask.*, pág. 155, 35 Hermann; e acima, cap. II.

Sob um aspecto mais tradicional, a temática da extensão dos exemplares é enfrentada no tr. 5 (V, 9). O cap. 11 deste tratado, com a sua resenha das artes e das ciências, recorda vivamente um passo muito conhecido do *Epínomis*, 973a e ss.: assim como naquele ponto se tomam em consideração as artes manuais, a agricultura, a medicina, a estratégia, para excluir a sua possível referência aos verdadeiros e superiores princípios do ser, assim também aqui são analogamente passadas em revista para excluir que os seus objectos pertençam à esfera do inteligível; no entanto, há em Plotino uma sensível tonalidade crítica, quando admite que também as «simetrias», medidas e proporções de que se valem os construtores de objectos comuns, se reportam ao mundo inteligível, pelo menos em virtude da sua referência às essências matemáticas e aos números (V, 9, 11, 12 e ss.). Na realidade, a razão do homem, afirma ainda Plotino neste contexto, é mediadora entre as simetrias superiores e as suas imagens sensíveis: e, tal como no *Epínomis* (embora a conclusão do discurso seja diferente, estando toda a atenção do autor concentrada na sabedoria astronómica)([30]), à geometria é concedido um lugar bastante elevado na hierarquia das ciências.

Associado tradicionalmente a este problema respeitante às artes, existe outro relativo à possibilidade de aceitar ideias de seres individuais. E aqui (V, 9, 12, 1 e ss.) é necessário admitir que a solução de Plotino não apresenta elementos originais. No mundo superior não existe a ideia de Sócrates, mas apenas a ideia da humanidade, da qual o homem Sócrates participa. A individualidade depende de uma afecção simples, e esta deriva da matéria (assim, por exemplo, o nariz achatado; comparação também tradicional, de origem aristotélica, moldada sobre *Metaph.* VII, 1030b, 14 e ss.). Não existe, por isso, modelo ideal da realidade sensível, enquanto individual (*ibid.* 13, 3-5). Mas estes são temas a que Plotino regressará atormentada e

---

([30]) Sigo a interpretação, que aqui me parece mais convincente, de L. Tarán, *Academica: Plato, Philip of Opus and the Pseudoplatonic Epinomis*, Filadélfia 1975, pág. 30 e ss., 327 e ss.

O Cosmos Inteligível

repetidamente. Ainda no tr. 28, a propósito das artes, lemos que elas apenas trazem utilidade à vida prática, de tal maneira que a sua função se esgota no sensível (IV, 4, 31, 16 e ss.): por conseguinte, uma solução que não representa um progresso nas abordagens precedentes. Já num tratado um pouco posterior, este ponto de vista aparece modificado e o discurso mais aprofundado. A reflexão de Plotino acerca das artes aperfeiçoa-se, tal como se aperfeiçoará em ulteriores tratados a reflexão sobre a individualidade e a sua relação com o inteligível.

Seguindo sensivelmente Aristóteles, Plotino começa por dizer que «arte» quer dizer «forma», forma inerente à mente do produtor que se transmite à matéria sensível; e transmite-se de maneira tanto mais pura quanto mais a matéria cede à acção plasmadora (V, 8 [31], 1, 32 e ss.). Quem executa uma obra de arte, torna a realidade bela, conformando-a a uma razão e a uma ideia. Tomando uma atitude polémica contra todo aquele que censura à arte a pura imitação da realidade física, Plotino afirma (*ibid.* 32 e ss.) que os artistas não imitam simplesmente aquilo que vêem, mas remontam às razões de que deriva a natureza; e a esta afirmação segue-se o exemplo de Fídias, que, de resto, já vimos ter-se tornado um *tópos* clássico a este propósito([31]). Em substância, isto significa afirmar, ou rebater, fundamentando-se em novas bases argumentativas, que a ideia do objecto a produzir tem o seu lugar de pleno direito entre os modelos e os arquétipos eternos, e que a ideia do belo se concretiza também nas produções artificiais. Noutro passo (II, 9 [33], 16, 39 e ss.), vemos Plotino regressar a um problema afim, o da simetria-proporção inteligível, na sua aplicação ao sensível mediante a obra do músico ou do geómetra: estes experimentam uma alegria de natureza inteligível ao produzir algo proporcionado, uma medida perfeita em que brilha o raio da inteligência. Se Platão (*Phileb.* 56e e ss.) tinha já falado de dois tipos diversos de matemática, a dois níveis, um voltado

---

([31]) Vide quanto acima se disse, cap. I, a propósito do célebre passo de Cícero, *Orator*, 2, 8-9; sobre outros passos que atestam o *tópos* de Fídias cf. Díon Crisóstomo, *Oratio XII*, 71; Filóstrato, *Vita Apolonii*, VI, 19, 2.

para as operações empíricas de numeração e cálculo, e o outro voltado para a reflexão e argumentação em forma de ciência pura, Plotino, como habitualmente, vai além do texto platónico e dirige o seu discurso de forma a abarcar mais artes, a astronomia, a música (VI, 3 [44], 16, 12): é, pois, claro que, ao menos para as artes que Plotino considera mais nobres, se levanta o problema de um duplo objecto e de uma dupla intenção, conforme visam uma utilidade para o presente imediato ou então, desenvolvendo todo o seu poder intrínseco, se elevam à pureza ideal do modelo, traduzindo-o no número, na figura teórica, no ritmo, nas proporções construtivas.

O problema das ideias de indivíduos volta a ser enfrentado no tr. 18 (V, 7, 1, 1 e ss.). E aqui a resposta é muito menos condicionada do que noutros passos por limites tradicionais ou influências aristotélicas: Plotino afirma, efectivamente, que a individualidade e a universalidade não podem dividir-se com um corte tão nítido, uma vez que a alma de cada indivíduo contém em si as razões seminais de todas as vidas que se produzem num determinado ciclo: Plotino, como veremos melhor mais adiante, não só aceita a metensomatose, mas também fala de uma periodicidade das reencarnações e de um «retorno» dos seres e das coisas a si mesmos, teoria que não deixa de apresentar alguma singularidade. Com base nesta nova consideração, regressa assim ao problema das diferenças individuais, num sentido nitidamente oposto àquele que já se considerou; existem diferenças, *eidikaí*, dependentes da forma, que não se podem explicar apenas com o recurso a um arquétipo «homem», válido para todos os homens; nem, para refúgio, se pode recorrer à matéria, uma vez que os homens diferem individualmente entre si «não apenas em virtude da matéria» (*ibid.* 20). Como se vê, é quase uma espécie de recusa e retractação declarada da explicação precedente. E, no entanto, a solução ainda não é definitiva, e o problema continua a angustiar Plotino. No tr. 23 (VI, 5, 6, 1 e ss.) a questão da relação entre o homem ideal e o homem singular volta a pôr-se, acentuando a universalidade de preferência à singularidade: o homem físico enquanto tal produz uma multiplicidade de indivíduos, mas em todos eles o elemento racional idêntico é a marca do homem ideal, de tal maneira que se pode dizer que os múltiplos estão no uno mais do que o uno nos múltiplos: deste modo, a singularidade parece novamente ter a sua raiz na matéria física. A anterioridade por natureza da espécie sobre o singular é reafirmada num tratado tardio (VI, 3 [44], 9, 34 e ss.).

Desta maneira, a particularidade individual sensível parece surgir, em grande parte, como qualquer coisa de negativo: e negativa é a individualidade, quando se considera aquilo que escapa à forma, a resistência à ideia que é causa de des-valor. A individualidade pode ser pura e simplesmente aquilo que se opõe à norma, e neste caso confina com o mal. A fealdade é a «ausência de forma», é devida à falta de domínio da forma ideal sobre a matéria sensível (VI, 1 [42], 9, 15 e ss.). As características negativas não são *dynámeis*; pelo contrário, são *adynamíai*, «impotências»: não podem decerto depender da participação na ideia, que é em si mesma «potência» (*ibid.* 10, 24 e ss.). Já conhecemos esta concepção das ideias, que implica o pressuposto de uma sua semelhança sinonímica substancial com as realidades sensíveis das quais são modelos, e que por vezes leva Plotino a proferir juízos de tipo autopredicativo, tal como quando (I, 6 [1], 9, 34) chega a afirmar que as próprias ideias (que são o Belo em si) são «belas»: as raízes desta concepção, como se viu, estão na Academia antiga, na especulação xenocrática. Assim, sob vários aspectos, não obstante o seu comportamento problemático e a variedade das suas posições, pode dizer-se que Plotino se encontra no caminho do desenvolvimento que, mais tarde, levará Siriano a formular um verdadeiro e apropriado «cânone» da realidade, da qual se pode dizer que subsistem modelos eternos, enquanto outras realidades não têm a sua razão de ser fora do mundo sensível[32].

---

[32] O assim chamado «cânone de Siriano» é-nos dado por este comentador neoplatónico, mestre de Proclo, sob a forma de exclusão de ideias de realidades contra a Natureza, artificiais, negativas, individuais; cf. *In Arist. Metaph.*, pág. 39, 1 e ss. Kroll.

V. O Cosmos Sensível

1. A alma e o cosmos

As hipóstases, as formas substanciais em que se concretiza o real na sua derivação do primeiro, são três: Plotino julga poder ler também isto em Platão. Afirmou este que «tudo se reúne no rei do todo, a realidade primeira; e as realidades de segundo grau na realidade segunda, tal como as de terceiro grau na realidade terceira» (*Epist. II*, 312 a); falou ainda do «pai da causa», referindo-se à inteligência primeira (*ibid.*, 323 d) (V, 1 [10], 8, 1 e ss.). E estas palavras da *Epist. II* são confirmadas pelas hipóteses do *Parménides*, onde, depois do primeiro Uno absoluto, e do segundo que é uma unidade múltipla, temos ainda um terceiro Uno, que surge como unidade-multiplicidade (8, 1, 23 e ss.). Mas a terceira hipóstase, para Plotino, já não é apenas o cosmos animado: é a alma, na sua verdadeira realidade claramente transcendente ao cosmos. E aqui reside a novidade, relativamente ao platonismo médio, da concepção que Plotino tem da relação entre o inteligível em contacto mais directo com o sensível e o próprio sensível: relação graduada, complexa, mediata.

A alma gera-se a partir da inteligência como uma razão e um objecto pensado (V, 1 [10], 6-7), como um pensamento que se destaca do seu gerador, para viver uma vida autónoma; ou en-

INTRODUÇÃO A PLOTINO

tão, trata-se de uma processão concebida como o prolongamento de uma energia vital, pois tal é a inteligência na sua essência mais íntima (V, 2 [11], 2, 25 e ss.); vemos aí que Plotino se serve de uma metáfora, a metáfora da linha, já muito apreciada por Platão, na *República*([1]). Ou então verifica-se a intervenção da metáfora; a metáfora mitológica, de longínqua origem hesiódica, geração de Cronos a partir de Urano, de Zeus a partir de Cronos (V, 1 [10[], 7, 34 e ss.) ou a metáfora plotiniana mais própria e específica, a da luz (V, 3 [49], 8, 24 e ss.): a inteligência contempla os inteligíveis e reverbera a sua imagem na alma, comunicando-lhe assim o seu ser; a luz da inteligência irradia na alma, comunicando-lhe o acto da própria inteligência, a «primeira luz» em que consiste a própria inteligência e que tem na alma a sua extensão imediata. Qual é a relação da alma, para além da inteligência, com o Primeiro? Mediante a inteligência, ela relaciona-se com o bem, promana mediatamente dele (I, 7 [54], 2, 1 e ss.). Mas, então, é necessário admitir que a alma conhece gradações internas; que uma primeira alma, a mais próxima da inteligência, pura, contemplativa, activa, é também por definição a *agathoeidés*, a que possui a própria forma do bem; por vezes, esta alma, devido aos seus atributos, quase se arrisca a confundir-se com a própria inteligência, da mesma maneira que o carácter supremo da inteligência é, por vezes, de tal forma realçado por Plotino que quase se confunde com o Uno. As passagens de hipóstase para hipóstase são imprecisas, os graus do real interligam-se; se Plotino, na sua polémica antignóstica, como veremos melhor, rejeitou vigorosamente a hipótese de um número maior de hipóstases, não é por acaso que as gradações internas por ele admitidas são tais que induzem os neoplatónicos ulteriores a complicar ainda mais as gradações hipostáticas, as passagens, as etapas do processo derivacionista([2]).

([1]) *Resp.* VI, 509d: a metáfora da linha serve a Platão para indicar a subida progressiva do conhecimento.

([2]) P. Hadot, *Etre, vie, pensée chez Plotin et avant Plotin*, in «Entr. Fond. Hardt», V, pág. 105-41. em part. pág. 135, indicou claramente em Plotino os primeiros vestígios do triadismo, que virá a constituir o esquema declarado

Uma parte da alma, afirma Plotino baseando-se exegeticamente no *Tim.* 34b (no passo em que Platão fala da alma como «maior» do que o corpo do mundo, de forma a cobri-lo e a envolvê-lo), permanece fora do cosmos, no inteligível (V, 1 [10], 10, 20 e ss.). «Avança» em direcção aos seres sensíveis, aos quais dá a vida; mas uma parte sua, a superior, permanece na sua morada (V, 2 [11], 1, 17 e ss.). Nunca desce inteiramente ao corpo do mundo, nunca baixa de todo à sua porção inferior (III, 4 [15], 4, 1 e ss.). A parte superior da alma é comparada ao agricultor, a inferior à árvore (IV, 3 [26], 4, 29 e ss.): portanto, existe na alma uma parte activa e outra passiva. No tardio tr. 52 (II, 3, 9, 24 e ss.), acena-se para uma alma que permanece «de fora», estranha ao universo, num contexto a que voltaremos quando for a altura de analisarmos os reflexos desta duplicidade intrínseca da alma universal na alma do indivíduo. O que interessa aqui apontar é que a alma universal, a terceira hipóstase, é alma em si mesma, transcendente e pura, intelectiva, antes de descer ao cosmos e assumir a forma de «Alma do todo», em relação directa com o corpo universal do mundo.

A afirmada duplicidade da alma e a sua imediata dependência da Inteligência tornam complexa a sua definição. Todas as definições da terceira hipóstase já apresentadas – vida, número, forma, unidade articulada – repetem a um nível ulterior as que são típicas da inteligência: o que não admira, pois que a alma é, por assim dizer, herdeira directa da inteligência.

O movimento, que para Platão é uma realidade que brota da alma como sua fonte imediata[3], parte, para Plotino, de muito mais alto e comunica-se à alma; e também a relação entre alma e vida surge de forma bastante mais complexa do que em Platão, para quem a alma participa essencial e primariamente da «ideia da vida»[4]. «Fonte de vida» é, para Plotino, o Uno;

---

do neoplatonismo posterior (repouso, processão, conversão). Mas em Plotino estes motivos acompanham a reafirmação do número limitado de hipóstases; cf. aliás mais adiante, n. 15.

[3] *Phaedr.*, 245c—246 a; *Leg.* X, 897 a e ss.

[4] *Phaedo*, 105c e ss.: é a verdade sobre a qual se funda a terceira e mais decisiva prova da imortalidade da alma. Sobre esta questão na crítica actual, cf. ZM II, 3, pág. 363-70.

INTRODUÇÃO A PLOTINO

a verdadeira vida é a vida «lá de cima», *ekeí*, a alma recebe-a e acolhe-a em si na medida em que é «força vital que provém da inteligência» (VI, 9 [9], 15 e ss.). No entanto, Plotino esforça-se também aqui por ser o mais possível fiel a Platão: em IV, 7 [2], 11, 1 e ss., a identidade alma-vida é levada até ao mais alto grau possível: a alma é vida em si mesma, não a recebe de outrem como a matéria recebe a forma, é imortal na medida em que é intrínseca e essencialmente vivente. É uma recordação incontestável e uma exegese da última prova do *Fédon*: todavia, nos tratados ulteriores, Plotino explicará com clareza como esta ligação alma-vida não é originária, mas derivada. Vida é essencialmente movimento, ou o movimento, na sua forma mais pura, é vida: os dois termos estão aparentados de forma estreitíssima. Mas, enquanto o movimento implícito no Uno e explicitando-se na inteligência como contemplação é movimento perfeito, o da alma pode dizer-se, à maneira aristotélica, um «acto imperfeito»: a alma vê e contempla um objecto diverso de si mesma, diferentemente da inteligência, tende pois a sair de si (III, 8 [30], 6, 23-24); o seu acto de pensar não é intuição, mas discurso, *diánoia*. É isto que garante uma diferenciação fundamental da inteligência.

O movimento da alma é duplo: por um lado, em direcção ao alto, por outro, para baixo de si mesma, para projectar uma imagem sua (III, 9 [13], 3). Devido à sua essência e à função que desenvolve, ela é intermediária (IV, 4 [28], 3, 11). É composta e múltipla. A este propósito, são particularmente importantes dois diálogos platónicos, o *Parménides* e o *Timeu*. O *Parménides*, onde (155e-157b) Platão levanta o problema da unidade como um problema que, de certo modo, consiste em não se tornar nem totalmente uno nem totalmente múltiplo, participante e ao mesmo tempo não participante do ser (entra aqui também o problema do tempo, na medida em que é um problema da realidade ambígua que é o instante, situada entre o movimento e o repouso, momento que faz parte do ser e é ao mesmo tempo intervalo, por conseguinte, fora do ser, 156d e ss.); o *Timeu*, onde (35a e ss.) a alma é apresentada como composta por divisível e indivisível, pelo mesmo e por outro, realidade intermédia entre o simples e o complexo, dotada de uma

O Cosmos Sensível

composição específica, que noutro passo (*Resp.* X, 611b) Platão definiu como «a mais bela».

Num contexto que já analisámos, após a sua exegese da *Epístola II* (V, 1 [10], 8, 25 e ss.), Plotino refere-se expressamente à terceira hipóstase do *Parménides*; voltará ao assunto também noutro passo, colocando o problema do tempo e da sua ambígua e complexa relação com o eterno – o que implica a necessidade de se deter na natureza do instante (III, 7 [§5], 8, 50 e ss.). No entanto, para o problema da alma, o *Parménides* não tem a mesma importância que para a teoria do Uno ou da Inteligência([5]). Muito mais importância tem o *Timeu*, particularmente presente no tr. 4, que Porfírio situa após o tr. 21, de tema análogo, fazendo dele o segundo tratado *Sobre a essência da alma*. O Uno, o Primeiro, é enquanto tal absolutamente indivisível; pelo contrário, a essência das coisas sensíveis é, por natureza, divisa; entre estes dois termos estabelece-se um terceiro, ao qual não é inerente a divisão da sua própria essência, mas que, no entanto, é susceptível de divisão, ao transformar-se em forma dos corpos (IV, 2, 1, 29 e ss.). Por conseguinte, a alma recebe a sua indivisibilidade daquilo que está acima dela; mas é susceptível de divisão pela sua imanência no sensível. Esta é uma explicação do árduo problema que Platão deixou como herança aos seus intérpretes; como conciliar a simplicidade da alma, de que se fala no *Fédon* – a simplicidade em que, segundo parece, se baseia uma das provas mais importantes da imortalidade – com o carácter compósito da alma conforme resulta da construção da alma do mundo no *Timeu*([6])? Nos capítulos que se seguem ao passo indicado, Plotino desenvolve a sua argumentação: ambas as proprie-

---

([5]) Charrue exagerou, apesar de ter feito algumas concessões (pág. 104-15, cf. em part. pág. 109, n. 29), a importância do *Parménides* a propósito deste aspecto do pensamento de Plotino; compreensivelmente, tinha sido negligenciada por E. R. Dodds, *The Parmenides of Plato and the Origin of the Neoplatonic One*, «Class. Quart.», XXII (1928, pág 129-42.

([6]) Sobre a presença desta explicação na tradição platónica é essencial o testemunho de Plutarco, *De procreatione animae in Timaeo*, 1012d—1013a (em particular no que diz respeito a Xenócrates 1012c, fr. 68 H. = 188 I.P.).

INTRODUÇÃO A PLOTINO

dades, a indivisibilidade e a divisibilidade, devem, de certo modo, ser inerentes à alma, para que esta possa constituir um termo intermédio entre o inteligível e o sensível (IV, 2, 2, 1 e ss.; 35-37). Se na alma houvesse apenas indivisibilidade, ela não poderia expandir-se a todas as partes do corpóreo e animá-las a todas, distribuir a vida a todas, como faz. Esta é ainda uma reflexão sobre o *Timeu* 35a («dividida pelos corpos»); ao passo que a indivisibilidade enquanto tal, dirá também Plotino noutro passo, deriva da inteligência para a alma, esta, sim, essencialmente una e indivisível na sua absoluta unidade orgânica (IV, 8 [6], 10, 16 e ss.; IV, 3 [27], 4, 9 e ss.).

Ora, a alma assim concebida (dupla na sua transcendência--imanência, indivisibilidade-divisibilidade) não pode deixar de sofrer oscilações na sua definição: será matéria e forma, ou apenas forma, e em que sentido se pode dizer tal? Além de Platão, a influência do *De anima*, e dos comentários ao *De anima*, particularmente de Alexandre de Afrodísia, não deixa de se fazer sentir em Plotino, mesmo nos passos em que desencadeia uma cerrada polémica antiperipatética. Pois a teorização da inteligência como separada, pura, não mista, a teoria da alma dupla na sua essência, activa e produtora numa das suas partes, passiva e receptiva na outra, não é obra de Platão, mas um desenvolvimento inegável do platonismo, que podemos ler no *De anima* de Aristóteles (III, 5, 430a 10 e ss.) – uma página célebre que Plotino decerto lê no seguimento do livro I do comentário de Alexandre. O problema do intelecto activo assume aqui uma relevância universal que ainda não emerge na página de Aristóteles; aqui a inteligência pura, activa, torna-se uma «causa primeira», adquirindo em pleno o seu significado de causa transcendente[7].

---

[7] Alexandre de Afrodísia, *In Arist. de anima*, pág. 85 e ss. Bruns; ali se levantam os problemas do intelecto que é tal eminentemente, por excelência *(kyriôs)*, o universal e divino; do intelecto como causa primeira; das raízes do intelecto humano no universal divino. A este propósito, existe um fecundo intercâmbio entre o aristotelismo platonizante e o platonismo não isento de temas aristotélicos.

O Cosmos Sensível

Na esteira destes temas, compreendemos melhor Plotino nos passos onde afirma que a alma não é uma forma pura, mas em certo sentido matéria e forma (V, 9 [5], 3, 21 e ss.; 4, 1 e ss.). Serve-se platonicamente da metáfora artesanal: o ser artificial, forjado pela arte, contém em si uma matéria e uma forma que a modela; na alma, a forma coincide com a inteligência; não com a inteligência superior à própria alma, que é demiurgo dador de forma, mas com aquela que a inteligência produz no interior da alma. Noutro passo, a que regressaremos ao falar da antropologia plotiniana, a duplicidade matéria-forma da alma estará voltada para uma outra definição, segundo a qual, na alma, a forma são os actos intelectuais, e a matéria as paixões (V, 1 [10], 3). Mas a alma do cosmos não tem paixões; por conseguinte, tende nela a predominar o elemento formal: assim em III, 6 [26], 18, 24, afirma-se univocamente que a alma é forma, *eîdos*; assim em II, 5 [25], 3, 19 e ss. afirma-se que a alma não está em potência, *dynámei*, mas é ela própria *dýnamis* ou potência produtora, com indubitável polémica contra o uso aristotélico do termo. Não se pode, porém, dizer que Plotino tenha dado ao problema uma resposta unívoca. Nas passagens em que tenta de novo a via da Academia antiga da temática dos números, parece também tomar em consideração a definição da alma como número, definição do agrado de Xenócrates: a partir do Uno, que é o limite supremo, a realidade delimita-se sucessivamente como número, isto é, como essência e alma (V, 1 [10], 5, 9). Mas, na realidade, recusa acomodar-se às antigas definições, tanto à de Xenócrates como à de Heraclito, apesar de sedutora: a alma como razão que se aumenta a si mesma([8]): esta é uma definição metafórica, destinada a indicar apenas que a alma é universalmente extensa, de forma a conter em si o corpo do mundo; ou que ela não tem carências e que não diminui em nenhuma das suas partes. Embora fazendo ao conceito de número, tão importante para a primeira tradição platónica,

---

([8]) Sobre a definição xenocrática cf. fr. 60 e ss. Heinze, 165 e ss. I. P. («número que se move a si mesmo»). A definição heraclitiana (22 B 115 DK) reconhecível in *Enn.* VI, 5, 9, 14, onde se deve supor uma lacuna, *<lógon> hautón aúxonta*; sigo a suposição de Henry e Schwyzer, *ad loc.*

INTRODUÇÃO A PLOTINO

todas as possíveis concessões formais, dedicando-lhe até o tratado VI, 6 [34], no qual se esforça por recuperar a noção platónico-académica de ideias-números (números primeiros e verdadeiros, números que são o princípio da essência, *ibid.* 16, 50; e recorde-se que Plotino, nesta sua especulação sobre os números, parte das referências aristotélicas; neste aspecto, acerca de Platão não sabe mais do que hoje sabemos, interpreta livremente testemunhos alusivos e problemáticos), Plotino não desenvolve todas as possibilidades intrínsecas na definição matematicizante da alma; porque o seu horizonte filosófico contempla o matematicismo apenas como uma das hipóteses interpretativas e inclui-o sobretudo como uma homenagem a uma tradição consolidada; na realidade, porém, está condicionado por perspectivas completamente diferentes, dinâmicas e vitais.

2. A potência demiúrgica

Que é, para Plotino, o demiurgo? Onde, em qual das hipóstases, reside a potência demiúrgica? Também acerca deste ponto as respostas são múltiplas e não unívocas. Que a inteligência é demiúrgica, encontramo-lo afirmado por diversas vezes. Em V, 9 [5], 3, 24 e ss., fala-se de uma inteligência produtora e artífice, a que se segue a alma; também em II, 1 [40], 5, 5 se fala do «demiurgo» como a potência após a qual vem e de que deriva sucessivamente a alma que reina no todo. A hierarquia encontra-se delineada com maior precisão num tratado mais tardio, II, 3 [52], 18, 8 e ss.: a alma do universo está voltada para o alto, para o divino acumular do qual se torna a potência produtora; acima de si, possui a parte superior da Alma, a que a Inteligência comunica as formas; também acima dela se encontra a inteligência-demiurgo, fonte das formas. No entanto, a acção demiúrgica é própria da alma, e é a alma que a executa na realidade. O princípio demiúrgico, na Inteligência ainda recolhido em si mesmo, na alma explicita-se e aplica-se, traduz-se na realidade viva. O carácter demiúrgico da alma é, em suma, secundário, mas na alma a função demiúrgica está

O Cosmos Sensível

realizada. Assim se entende o passo do *Fedro* (246c)([9]): «a alma vagueia no alto e governa todo o mundo» (V, 8 [31], 7, 34 e ss.).

A acção demiúrgica da alma universal realiza-se sem sucessão dos tempos e sem fadiga. Os seres particulares podem constituir obstáculos entre si, mas não podem constituir obstáculo à acção formativa da alma universal (V, 8 [31], 7, 25). Pois, como Plotino já afirmara num tratado precedente, a alma é luz que penetra no corpo do cosmos, iluminando-o (V, 1 [10], 2, 1 e ss.): imagem que deve já pertencer à tradição platónica (dela a retira certamente Séneca, *Epist. 41*, 5, onde aparece exposta de forma análoga). Um problema antigo, bem conhecido da tradição académica, é o problema da adaptação da alma ao corpo do mundo, da sua «co-extensão» a ele (pensemos na definição dada por Espeusipo da alma como «forma daquilo que é geralmente extenso»)([10]): Plotino retoma-o, no sentido de que a alma contém o corpo do mundo, e não vice-versa. A imagem da rede (a alma como uma rede que envolve o corpo do universo no mar infinito do ser, IV, 3 [27], 9, 40 e ss.) é uma das mais belas e das mais vivas metáforas plotinianas.

A alma forja artificialmente o mundo, na medida em que guarda a memória dos inteligíveis que contemplou como a parte de si que continua a residir na transcendência e no seio da inteligência (V, 1 [10], 10, 29): a «forma da alma» que nesta reside é, na realidade, o verdadeiro demiurgo. Os termos utilizados por Plotino para indicar a função da alma são «forjar», «formar», «plasmar» (VI, 9 [9], 1, 18), sem jamais esquecer o carácter não originário, mas derivado deste poder: é incorrecto, dirá na sua polémica antignóstica (II, 9 [33], 6, 22 e ss.), confundir a alma com o próprio demiurgo. As «razões seminais», transmitidas à alma pela inteligência, transformam-se nesta em funções plasmadoras (IV, 4 [28], 36, 1 e ss.; II, 3 [51], 18, 1 e ss.). Mas, na realidade, é a segunda alma que penetra no céu,

---

([9]) Passo que tem sido interpretado a favor de alusões à doutrina da alma do mundo já no *Fedro*; cf. ZM II, 3, pág. 214-5.

([10]) Transmitida por Estobeu, o qual cita Jâmblico; cf. fr. 40 L. = 96 I. P. (e respectivo comentário, Espeusipo, *Frammenti*, pág. 336 e ss.)

INTRODUÇÃO A PLOTINO

e não a superior e transcendente, que o governa de cima (IV, 8 [6], 2). No mesmo contexto, Plotino deduz uma consequência analógica importante para a relação entre a alma do astro e o corpo astral, com o objectivo de diferenciar os deuses astros do composto humano alma-corpo: a transcendência do princípio psíquico acentua-se no ser que tem uma natureza superior. Mais adiante procederemos ao desenvolvimento deste tema.

O processo da formação do mundo é eterno. Na já secular disputa em volta da interpretação do *Timeu*, iniciada, como vimos, na primeira Academia pós-platónica, Plotino toma decididamente posição a favor da interpretação alegórica[11]. Um dos argumentos para excluir uma cosmogonia realista, implicando o efectivo nascimento do mundo no tempo, diz respeito em particular à essência divina: Deus não pode fazer um raciocínio dianoético, ou seja, que se desenvolva por argumentações sucessivas e em tempos sucessivos. Mais tarde, no tr. 50 (III, 5, 9, 24 e ss.) ataca claramente os platónicos como Ático ou Severo, que «supõem a geração de realidades não geradas», e deseja claramente distanciar-se de uma inteira facção de orientação realista da tradição platónica. A polémica, porém, é também contra o criacionismo místico de correntes gnósticas: também perante a sua concepção da origem e da caducidade do cosmos, Plotino sente a necessidade de reafirmar a sua convicção acerca do eterno gerar-se das coisas numa série infinita, num suceder-se perpétuo que não conhece momentos de prioridade absoluta no tempo nem momentos apocalípticos finais, a criação do nada ou a destruição total (II, 9 [33], 3, 12 e ss.).

Mais de uma vez se tentou saber que tipo de gnósticos atacava Plotino: as indicações da *Vita* porfiriana permaneceram em grande parte impenetráveis até ao momento em que recentes descobertas lançaram alguma luz sobre elas[12]. A partir do que Porfírio conta (fala, como já vimos, de uma certa divisão de tarefas entre o mestre, que reservara para si a refutação da

---

[11] Sobre a questão da cosmogonia do *Timeu*, tão debatida na história do platonismo, cf. hoje a nota de H. Cherniss, *Plutarch's Moralia*, XIII, 1, pág. 176-7.

[12] Sobre os «gnósticos de Plotino» cf. A. J. Festugière, *La Révélation d'Hermès Trismégiste*, III, *Les doctrines de l'âme*, Paris 1952, pág. 59-62;

O COSMOS SENSÍVEL

gnose e os discípulos Amélio e o próprio Porfírio), parece evidente que, na escola de Plotino, funcionava um programa sistemático de refutações racionalistas de tudo aquilo que aparecia como uma degeneração bárbara da autêntica religiosidade, fundamentada na tradição grega e no ensinamento platónico; este aspecto é reforçado em testemunhos de Eusébio sobre obras perdidas deste último: Porfírio viu na vitória dos bárbaros sobre a cultura grega a consequência de uma cedência, de uma renúncia a procurar a salvação da alma e a verdade autêntica, pelo que parte desta verdade teria sido revelada aos bárbaros pela divindade, e não aos Gregos indignos e esquecidos([13]). Quem quer que sejam concretamente os «bárbaros» contra os quais é dirigido o ataque de Plotino e dos seus discípulos, este ataque registou um certo agravamento dos motivos e um certo desvio, se não mesmo uma viragem, no pensamento de Plotino. Conduzido sistematicamente no tr. 33 (II, 9), foi aliás preparado com ideias que, segundo alguns, remontariam já aos tratados do primeiro período (o tr. 6, IV, 8; o tr. 13, III, 9), vindo a desenvolver-se nos tr. 30-32, que, de modo não fortuito precedem imediatamente na série cronológica aquele que por Porfírio foi denominado *Contra os Gnósticos*: III, 8, V, 8, V, 5). A polémica prosseguiu nos tratados mais tardios, como o 38 (VI, 7), o 40 (II, 1), o 45 (III, 7), o 48 (III, 3), o 49 (V, 3), o 52 (II, 3); mas aqui já perdeu o seu carácter directo, porque os gnósticos, antes presentes em certo número na escola, nessa altura já tinham saído([14]). É uma reconstituição plausível, se não certa.

---

com alusões às descobertas de Nag Hamadi H. Puech, *Plotin et les gnostiques*, in «Entr. Fond. Hardt», V, pág. 159-74, em part. 163 e ss.: estas projectaram alguma luz sobre nomes desconhecidos citados por Porfírio e permitiram alguns esclarecimentos. Cf. também V. Cilento, *Paideia antignostica*, Florença 1971, Intr., pág. 21-8. Deve-se a R. Harder («Hermes», LXXI, [1936], pág. 1-10 e noutro passo; cf. os ensaios recolhidos em *Kleine Schriften*, cit.) a identificação de um único e extenso texto antignóstico nos tr. 30-33.

([13]) Eusébio, *Praep. Evang.* XIV, 10, 4-5.
([14]) Puech, em «Entr. Fond. Hardt», V, pág. 183 (no decurso do debate que se segue à relação). Cilento, *Paideia antignostica*, pág. 27, inclina-se a

INTRODUÇÃO A PLOTINO

Não é apenas de Platão que Plotino se serve para se contrapor à gnose, embora a sua crítica fundamental aos sequazes desta – e é o máximo que Plotino pode fazer – seja a de que ela entendeu mal e atraiçoou Platão (II, 2, 9, 10 e ss.; 16 e ss.). Nas suas argumentações antignósticas, conflui todo um património platónico-estóico que tem as suas raízes na Academia tardo-helenística e que encontrou acolhimento no providencialismo de Fílon de Alexandria. A teoria do belo ideal que se reflecte no mundo tem, claro está, as suas raízes mais no *Banquete* do que na *Stoá*; já noutro passo vimos Plotino (I, 6 [1], 1) atacar a concepção estóica do belo como harmonia superficial e extrínseca e simetria de partes. Mas a concepção da alma do mundo que governa o cosmos demiúrgica e inteligentemente, mesmo tendo as suas raízes na teologia do livro X das *Leis*, foi reelaborada com demasiada amplidão pela *Stoá* para que Plotino dela possa prescindir. Conceitos estóicos típicos passaram já a fazer parte do património filosófico plotiniano; deparámos por diversas vezes com o conceito de «razões seminais»; não podemos negligenciar a importância de outro conceito estóico presente em Plotino, o da «simpatia» que liga entre si todas as partes do universo (IV, 4 [28], 41, 1 e ss.); a teoria, típica da teodiceia estóica, da utilização providencial do mal em vista do bem do universo, já presente em tratados antecedentes (cfr. ainda IV, 4, 41, 9 e ss.), está destinada, como veremos dentro em breve, a sair reforçada após a polémica antignóstica.

Antes de tudo, Plotino defende a triadicidade das hipóstases, platónica, como se viu, a seus olhos: a absurda multiplicidade das hipóstases deve ser condenada sem hesitação. Absurdo é, por exemplo, dividir a inteligência em várias inteligências, uma em movimento e outra em repouso, uma que pensa e outra que sabe que pensa. Se os adversários admitem que estas distinções são puramente conceptuais (*epinoíâ*, II, 9, 1, 40), com isso

---

identificar os «gnósticos» com alunos de Numénio; mas nem tudo nas teorias de Plotino condiz exactamente com as doutrinas de Numénio. Sob determinados aspectos, Numénio pode ter sido também alvo do ataque, que, no entanto, vai além da sua doutrina e do seu círculo.

O COSMOS SENSÍVEL

mesmo se pretende dizer que negam a verdade objectiva. O pensamento de Plotino sobre este ponto parece ter sofrido um endurecimento em relação às concessões feitas noutros passos, por exemplo, no tr. 13 (III, 9, 1, 15 e ss.), onde a abordagem da inteligência é bastante esbatida e variada, e nela parecem aceitar-se distinções que aqui justamente se rejeitam; aliás, é verdade que também neste contexto Plotino esclarece que estes momentos são «divididos por meio do pensamento», mas formam uma unidade na realidade objectiva([15]). A unicidade da hipóstase alma é também ela reforçada: a alma possui mais «forças», mas uma natureza única, que faz dela uma única substância (*ibid.* 2, 3 e ss.); no entanto, já vimos quão intrinsecamente múltipla é, para Plotino, a realidade alma. A polémica leva-o a forçar os termos do sistema e a silenciar as aporias que noutros passos enfrenta com maior liberdade.

Contra os gnósticos, Plotino afirma energicamente a bondade do mundo sensível e do acto demiúrgico que lhe dá vida. A criação do universo não acontece por degradação (*ibid.* 4, 1 e ss.); pelo contrário, tem lugar por um acto de elevação da alma, porque a alma conserva os modelos eternos, dos quais retira a sua força geradora e produtora. Se o mundo não é bom em si mesmo e em absoluto, isso acontece apenas porque ele é uma imagem, metáfora viva do inteligível, do bem; mas isto é simplesmente o seu limite (*ibid.* 4, 22 e ss.). Neste ponto, talvez a polémica se alargue além dos gnósticos, visando atingir todo aquele platonismo que, aos olhos de Plotino, parece perigosamente comprometido, ainda que só implicitamente, com a teoria gnóstica do «mau demiurgo», contraposto ao Deus bom e supremo: aquele platonismo que, baseando-se numa errada

---

([15]) P. Henry, Intr. a MacKenna, Plotinus, *The Enneads*, Londres 1969[2], pág. LXI, afirma que III, 9, 1 é uma primeira amostra de interpretação hipotética e experimental, em seguida abandonada pelo próprio Plotino; tal interpretação ressente-se da influência de Numénio. Mas, na realidade, Plotino mostra também noutros passos mais tardios a tendência para a multiplicação das hipóstases (cf. por ex., as observações de Armstrong, *Architecture*, pág. 102, sobre o *lógos* como uma tendencial quarta hipóstase).

INTRODUÇÃO A PLOTINO

interpretação das *Leis*, sublinhou a existência e a acção no universo de uma «alma maligna»([16]). Por isso, se houver alguém que argumente que a matéria, concebida como esgotamento extremo do ser, não poderia ter em si nenhum poder limitativo da bondade do Inteligível e que é necessário supor a presença no universo de uma causa activa maligna, estaria redondamente enganado: no cosmos não actua nenhum deus secundário, que, devido à sua queda, tivesse perdido o contacto com o Primeiro e com o Bem e a demiurgia cósmica é intrinsecamente boa (ibid. 5, 23 e ss.). Na alusão à aspiração dos gnósticos a uma «nova terra», onde reside a razão do mundo, podemos vislumbrar a zombaria da apocalíptica (aquela de que Porfírio repetidamente nos fala, *Vita,* 16, com citação de textos que nos são desconhecidos): o verbo religioso de Plotino, no seu aristocrático misticismo racionalista, permanece puro de expectativas apocalípticas.

O erro fundamental dos gnósticos consiste em não entenderem que não se pode transferir para o cosmos o modo de ligação que liga a alma individual do homem ao seu corpo. Se em nós se verifica, muitas vezes, a prepotência sobre a alma, pela qual o corpo a arrasta – surgindo assim em nós o mal – a alma universal nunca é arrastada pelo corpo do cosmos, ela é que o arrasta, o unifica e o vivifica (*ibid.* 7, 4 e ss.). Mediante esta convicção que Plotino manifesta acerca do absoluto domínio da alma do mundo sobre o corpóreo, esclarece-se aqui um ponto importante: a teoria plotiniana da matéria-mal, do corpóreo como fonte do mal, tem as suas consequências mais directas sobre a antropologia, e só indirectamente afecta a sua física-cosmologia: nesta, a matéria não passa, quando muito, de imperfeição e defeito, sem nunca chegar a ser verdadeiramente perturbação e desordem. O universo é a imagem clara dos deuses inteligíveis (*ibid.* 8, 15-16) e nele dominam, em primeiro lugar, os astros, deuses

---

([16]) *Leis X,* 896e; sobre a exegese no médio-platonismo ver acima, cap. II; sobre a exegese moderna cf. ZM II, 3, pág. 823-6. Sobre uma apreciação da teoria de Plotino como primeira tentativa coerente para deduzir a matéria dos princípios supremos cf. Henry, em «Entr. Fond. Hardt», V, pág. 236.

O COSMOS SENSÍVEL

visíveis, os deuses do *Timeu* e das *Leis*, os deuses que os gnósticos, por erro gravíssimo, não reconhecem: é na própria pluralidade do divino que se encontra a mais elevada exaltação da divindade (*ibid.* 9, 33 e ss.). A alma forma o mundo de maneira proporcionada, dando-lhe uma extensão que é o equivalente físico da sua potência, uma forma e um movimento esféricos segundo aquela que é a figura perfeita, fazendo-o participar o mais possível na sua beleza (*ibid.* 8, 20 e ss.; 17, 1 e ss.). Nesta apaixonada peroração sobre a beleza do cosmos, Plotino faz as contas a várias coisas anteriormente ditas: no passo em que falou de «produzir contemplando» como próprio da inteligência (III, 8 [30], 5, 1 e ss., a geração das coisas é contemplação e não acção; 7, 3, todas as realidades verdadeiras são *theorémata*, actos de contemplação) ou o passo onde falou do cosmos belo, enquanto infinito sobrepor-se de formas-imitação dos modelos eternos (V, 8 [31], 7, 18 e ss.) ou da razão como «arquétipo da beleza» (*ibid.* 3, 1 e ss.). A própria matéria deixa, a certa altura, de ser matéria para Plotino: na realidade, é a última das formas, *eîdós ti éschaton* (*ibid.* 7, 22).

3. A matéria e o mal

Os tratados *Sobre a Providência*, III, 2-3 (47-48) poderiam até levantar suspeitas de inautenticidade[17], e isso aconteceu. Surgem pejados de lugares comuns da teodiceia estóica, que afloram esporadicamente também noutros passos, mas, por outro lado, não tão sistematicamente acolhidos: nestes seus discursos, Plotino tenta encontrar a inserção do mal na ordem do bem, com tons que recordam sensivelmente a doutrina daqueles estóicos que ele, muitas vezes, combate polemicamente,

---

[17] Numenianos, segundo Thedinga; cf. cap. III, n. 38. Mas Bréhier, *Enn.*, Intr., pág. xxvi, fazia já justamente notar como Porfírio, empenhado em defender Plotino da acusação de plágio em relação a Numénio e em distinguir as doutrinas dos dois filósofos, dificilmente teria podido incorporar material numeniano na obra de Plotino.

INTRODUÇÃO A PLOTINO

sobretudo devido ao seu materialismo([18]): mostra aceitar uma teoria – a da utilização finalística do mal em vista do bem, ou, ainda mais, da própria necessidade do mal – que remonta à *Stoá* crisipiana e que, na história do platonismo, já fora objecto de polémicas. Além disso, nestes tratados desenvolve-se uma teoria do *lógos* bastante insólita em Plotino, ainda que a palavra não deixe de surgir noutros contextos([19]); isto recorda não só o uso estóico, mas também a expressão filoniana, um apelo a uma teoria que sai do quadro das hipóstases, tão próprio de Plotino.

Visto que nos aproxima da *Stoá*, nem sequer falta aqui a expressão, de provável origem possidoniana, *aporreîn*, «emanar», «promanar»: e aquilo que emana é exactamente o *lógos*: ele emana ou promana da Inteligência para forjar a realidade (III, 2, 2, 17). Não está de todo esclarecido em que relação se encontra o *lógos,* de que aqui fala Plotino, com o conceito de natureza de que o vemos tratar noutro passo. Num dos livros que Porfírio intitulou *Aporias Sobre a Alma,* vemos que a natureza é considerada como a forma mais baixa do inteligível, o reflexo da alma na matéria (IV, 4 [28], 13, 19-20): aqui reside outra das tentações para multiplicar as hipóstases que se sentem no sistema plotiniano, mesmo se Plotino, de vez em quando, as rejeita. Trama harmoniosa dos reflexos das formas, a natureza tende a fazer algo de independente entre a alma e a matéria, a obter uma esfera própria. Ora, também o *lógos* dos livros *Sobre a Providência* é uma espécie de realidade subordinada à alma, que tende a distinguir-se dela, mas que, ao mesmo tempo, não quer tornar-se uma hipóstase ulterior e inútil: se em determinados momentos parece quase usurpar a função da própria alma

---

([18]) A teoria da matéria como substância subverte, para Plotino, a ordem dos valores; radical refutação anti-estóica em VI, 1 [42], 25-27. Cf. Graeser, *Plotinus and the Stoics*, pág. 89 e ss.

([19]) Encontramos esclarecimentos sobre o conceito de *lógos* (com algumas pontas polémicas contra a reconstituição de Armstrong, *Architecture*, pág. 102 e ss.) em Rist, *Plotinus*, pág. 90 e ss.; particularmente sobre as relações entre o *noûs* e o *lógos* e a função do *lógos* como força criativa que, em certo sentido, representa o *noûs* no mundo visível, pág. 97-8.

O Cosmos Sensível

(III, 2, 2, 23 e ss.), na medida em que Plotino parece dizê-la derivada quase directamente da Inteligência, noutros passos a sua função intermediária é mais clara: não só se esclarece que ela nasce da inteligência secundariamente, na medida em que se segue à alma (III, 3 [48], 3, 20 e ss.), mas revela-se como uma faculdade particular da alma, com a tarefa de dominar a necessidade, de produzir harmonia utilizando também as vozes discordantes e negativas (III, 2, 17, 64 e ss.), de se explicitar no cosmos como acção providencial (III, 3, 5, 20 e ss.). É uma temática que será retomada mais tarde (II, 3 [52], 16, 1 e ss.), num passo em que se explica em que sentido a alma governa o mundo por meio da razão: é a faculdade pela qual a alma universal actua em concatenação racional de causas e efeitos, ligando, portanto, entre si os próprios actos.

O *lógos* é, pois, providência mais do que natureza, embora, por vezes, a natureza seja definida, na sua essência íntima, como *lógos*, «razão» (III, 8 [30], 2, 20-22). E providência que contém em si os bens e os males; porque os males são necessários à concatenação do todo e têm a sua parte na ordem do universo: o próprio *lógos* não poderia exercer a sua força se não existissem os males ao lado dos bens (III, 3, 1, 1-4). São temas em que ecoam Crisipo ou a *Stoá* crisipiana, Séneca, Epicteto, Fílon de Alexandria[20]; determinadas analogias tocam pontos particulares, como a afirmação da necessidade de se opor ao mal, desde o seu início (III, 2, 4, 36 e ss., que lembra Séneca, *Epist.* 116, 2) ou então a afirmação, genericamente estóica, de que nenhum mal pode acontecer ao sábio, mas igualmente utilizada sobretudo por Séneca, num passo bastante conhecido (*De providentia*, 2). Destruir o mal significaria destruir a própria providência, pois esta obtém o bem superando o mal, mediante a sua instrumentalização (III, 3, 7). Plotino aflora o determinismo, ao afirmar que a ordem universal não depende de uma «escolha», de um acto voluntário, *proaíresis* (III, 3, 3,

---

[20] Referências numerosas em Bréhier, *Enn.* III, *Notice*, pág. 19-23 (cf. SVF II, 1163; e Epicteto, *Diss.* IV, 2, 3; Fílon, *Quod deus imm.*, 176; *De plant. Noe*, 5-10; etc.). Bréhier não esquece, no entanto, bastante justamente, de citar a teodiceia das *Leis platónicas* (X, 899d-900c).

INTRODUÇÃO A PLOTINO

20 e ss.) e que «assim o exige a própria ordem das coisas»: mas isto destina-se a eliminar o arbítrio, remetendo-se a uma lei universal. O mal e o erro existem porque o universo não é igualitário, porque há naturezas inferiores e naturezas superiores, porque existe toda uma escala de valores diversos, entre os quais se move a razão providencial, levando a cabo o seu grande jogo de equilíbrios; ela não pretende destruir as desigualdades, mas submetê-las ao seu jogo cósmico; não intenta aniquilar o mal na sua realidade física, mas torná-lo inócuo, inserindo-o no seu plano ordenador: com um traço também aqui assaz estoicizante, Plotino, no tratado mais tardio em que retoma esta temática, falará da inserção na ordem universal também dos insectos venenosos, em virtude da razão providencial cósmica (II, 3 [52], 18, 4).

A razão não quer ou não pode aniquilar o mal? Por outras palavras: até que ponto se pode conceber a matéria como obstáculo activo e real à acção ordenadora? Aqui esbarramos com um dos pontos mais dilemáticos da filosofia de Plotino, que ela nunca resolveu. O nó da questão está na concepção da matéria; e esta em Plotino está bem longe de ser unívoca, capaz de encontrar uma resposta efectiva para o dilema.

Plotino distingue matéria inteligível de matéria sensível, distinção já corrente na secular tradição peripatética, recebida também do platonismo. Ao procurar definir a matéria inteligível, no tratado expressamente dedicado ao problema das «duas matérias» (II, 4 [12]), torna a restabelecer os conceitos de «alteridade» e de «movimento», já amplamente utilizados pelo platonismo médio, em particular por Numénio, para quem a «matéria» é eminentemente fluidez, inapreensibilidade, deslizamento([21]). Mas a matéria que está na origem do seu carácter físico e corpóreo é aquela que em geral Plotino toma em consideração, ao tentar caracterizá-la como «indefinido»

([21]) Cf. acerca desta concepção Numénio, fr. 3-4 D. P. Um ponto de apoio na Academia antiga pode ser oferecido em particular por Hermodoro: cfr. o testemunho de Simplício de que falámos acima, cap. II, n. 2; e em Xenócrates-Hermodoro, *Frammenti*, Hermodoro, fr. 8, comentário a pág. 439 e ss.

O Cosmos Sensível

(*aoristía*) ou, mais exactamente, como «privação». Se, para Aristóteles, a privação (*stéresis*) não passa de um aspecto secundário da matéria (*Phys.* I, 191b), para Plotino é a sua caracterização essencial e a sua própria definição. Tanto é verdade que, com um notável esforço lógico e exegético, Plotino tenta inclusive assimilar os dois conceitos de *hypodoché*, «receptáculo», e de privação (II, 4 [12], 16, 5 e ss.): o receptáculo do *Timeu* não é «substrato» à maneira aristotélica; é não-ser, privação em relação ao ser, cujas formas reflexas alberga. Noutro passo (II, 5 [25], 5, 1 e ss.), veremos Plotino fazer também algumas concessões à concepção aristotélica da matéria como potencialidade, quando reconhece à matéria um «ser futuro», a possibilidade de aceder à forma; aqui, pelo menos provisoriamente, parece aceitar a lógica interna do discurso aristotélico. No entanto, depressa retorna a uma concepção que se aproxima da do *Timeu* e a uma reafirmação do seu platonismo: enquanto intrinsecamente outro que não a forma, a matéria procura revestir todas as formas, mas é incapaz de conservar uma para si; é o resíduo último, inapreensível, para além das formas, o que resta do real, uma vez retirada dele qualquer forma (*ibid.*, 9-21). Desta maneira, a sua única actualidade é ser um *pseûdos*, um «falso» objectivo, uma mentira ou uma não-verdade; também este termo é do agrado de Platão, que o utilizou para a realidade inautêntica do sensível, e Plotino pôde lê-lo na *Epistola VII*[22]. Pode, por conseguinte, dizer-se que os conceitos de matéria e de forma, derivados da tradição aristotélica, só aparente e temporariamente são aceites por Plotino, para depois serem realmente rejeitados: passos como este que analisámos demonstram claramente como o conceito aristotélico de *sýnolon* permanece longínquo e estranho ao nosso filósofo.

O carácter de «falsidade», de «mentira» da matéria é confirmado e até acentuado noutra passagem (III, 6 [26], 7): ela mente em tudo aquilo que promete: o ser que nela se forma é um «jogo fugidio». Platão (*Timeu*, 50b) falara dos reflexos das for-

---

[22] *Epist. VII*, 344b 2 (o «verdadeiro» e o «falso» da essência na sua totalidade; isto é, a composição mista do real, inteligibilidade-físico).

INTRODUÇÃO A PLOTINO

mas ideais como «entrando e saindo» alternadamente no e do receptáculo, que é o seu lugar: Plotino retoma e esclarece a imagem, acentuando o seu carácter ilusório: o «lugar» platónico, a *chóra*, torna-se, na sua figuração, um espelho que recebe as imagens, o reflexo instável e fugidio dos verdadeiros seres, dos modelos (*ibid.*, 11, 1 e ss.). Assim, o real sensível é todo ele, na sua essência mais íntima, metafórico e alusivo: assim se explica, mais uma vez, a expressividade da metáfora plotiniana, a radicação do metaforismo numa certa concepção do ser[23]. Mas a matéria está além da própria metáfora: é a negatividade pura. Paradoxalmente, não se pode definir a não ser negativamente, tal como o Uno: porque não é inteligência, nem alma nem vida, nem forma, nem razão, nem limite (III, 6 [26], 7, 6 e ss.). O tema da não substancialidade da matéria será retomado, em cerrada polémica contra os estóicos, no mais tardio tr. 42 (VI, 2, 27, 1 e ss.), onde se reafirmará a sua negatividade contra quem intentar fazer dela a substância primária e por excelência, invertendo a ordem correcta dos valores. Mas o carácter de *pseûdos* próprio da matéria assumirá um aspecto gnoseológico em I, 8 [51], 9, com a retomada do tema platónico do «raciocínio espúrio» (*Timeu*, 52b): a matéria é cognoscível só mediante um esforço da razão para sair de si mesma. De resto, já muito antes (II, 4 [12], 5, 6, e ss.), ele falara da matéria como de uma profundidade tenebrosa, que não consegue ser iluminada pela luz e em que, portanto, a vista não penetra.

Por conseguinte, a matéria configura-se como aquele não ser ínfimo que é especularmente oposto ao não-ser supremo, o Uno: em vez de estarem ambos na origem de tudo, aqueles que, na tradição da antiga Academia, são considerados os dois «princípios», estão, para Plotino, separados por um abismo insondável, infinito; colocam-se nos dois pólos opostos da escala do ser, além e aquém dele. A matéria não é princípio na filosofia de Plotino, e *archikaí*, com funções de princípio, são

---

[23] Cf. recentemente (também sobre a literatura crítica citada), M. Di Pasquale Barbanti, *La metafora in Plotino*, Catânia 1981.

apenas as três hipóstases: enquanto absoluto não-ser, a matéria não pode ser nem princípio nem causa. Todavia, eis que então torna a levantar-se o problema de compreender como e em que sentido ela se poderá dizer «causa do mal», ou se poderá dizer tal em sentido legítimo e próprio. Isto poderia ser equivalente a conceder-lhe um certo papel de potência activa – o que estaria em desacordo com todas as premissas plotinianas.

Ora, é indubitável que em vários passos das *Enéades* podemos constatar um certo resvalamento de Plotino para uma concepção da matéria como oposição à forma mais do que privação de forma, ou como resistência à razão. Uma vez aceite uma determinada elaboração aristotélica do ser sensível como um conjunto de matéria e forma, Plotino é obrigado a interrogar-se (II, 4 [12], 16, 15 e ss.), de que modo a matéria, se participa do bem na medida em que acolhe em si a forma, se poderá ter por mal; habitualmente, encontra a resposta em Platão, desta vez no *Banquete* e no mito de Eros: a matéria é não-ser enquanto pobreza, *penía*, enquanto necessidade e carência, enquanto aspiração a qualquer coisa que não possui (assim, analogamente, também em III, 6 [26], 4). Mas noutros passos (III, 9 [13], 8; e mais tarde III, 2 [47], 15) a matéria configura-se não só mais como vazio, privação, falta, mas em certo sentido como obstáculo: é a causa da inferioridade das coisas sensíveis, da sua impossibilidade de se ajustarem ao modelo; é ela que torna o sensível corruptível e perecedouro. Parece, pois, que lhe é reconhecida uma função negativa activa, como no passo (IV, 4 [28], 38) em que ela é considerada fonte de des-valor, na medida em que impede a actuação do valor: a fealdade, por exemplo, deriva do não domínio da forma sobre a matéria. Em I, 2 [19], 2, 20 e ss., a matéria é definida como aquilo que resiste à medida ou escapa à medida, *ámetron* sob todos os seus aspectos: incapaz de se tornar semelhante a Deus, que é ordem e medida; contrapondo-se à suprema medida que é o modelo.

A matéria (lemos ainda em VI, 3 [44], 7, 7 e ss.) é privada de razão ou irracional, *álogos*, é uma sombra da razão (uma sombra, não uma imagem); ou é uma degradação da razão. Vai ainda mais longe num tratado mais tardio (II, 3 [52], 16, 45

INTRODUÇÃO A PLOTINO

e ss.): Plotino retoma nele a teoria do «movimento desordenado» do *Tim* 52 e ss., o movimento primordial próprio da «natureza desregulada» (*anómalos phýsis*), chegando a atribuir à matéria um movimento desordenado (*seismós*) que se empenha em produzir o pior, em oposição ao *lógos* que, derivando da alma e da inteligência, forja os seres da melhor maneira possível. A matéria é a *anánke*, a necessidade, conceito cuja origem Plotino encontra no *Tim.* 48a: limite físico intransponível, condicionante, invalidante. No entanto, também aqui a concepção plotiniana está sujeita a uma série de aporias internas. No primitivo tratado *Sobre o destino*, III, 1 [3], atacou asperamente o conceito estóico de *heimarméne*, devido ao seu carácter materialista: a teoria estóica do destino (que, para aqueles filósofos, coincide com providência e *lógos*) outra coisa não é senão a determinação de uma série de causas materiais, que não tocam na verdadeira realidade do ser. No mais tardio tr. 48, porém, assistimos a uma recuperação deste conceito, em que Plotino afirma que a concatenação física das causas é uma espécie de «providência» secundária, ao mais baixo nível; um condicionamento do sensível que representa um limite mas que, ao mesmo tempo, faz dele aquilo que ele é (III, 3, 5, 14 e ss.). Onde está, pois, a potência negativa e perturbadora da matéria?

Todos estes problemas reflectem-se no difícil tratado 51, sobre a origem do mal. Embora alguns críticos tenham pretendido eliminar uma boa parte dele como inautêntica([24]), ele não

---

([24]) Segundo F. Heinemann, *Plotin*, pág. 83 e ss., os únicos capítulos que se poderiam atribuir a Plotino seriam os cap. 1-5, 7 e 9 (Thedinga é praticamente da mesma opinião). Mas os problemas que I, 8 oferece acerca da matéria e do mal, já surgem pelo menos em *Enn.* III, 2-3, sobre a providência. Embora não se possa aceitar na sua totalidade a hipótese de que Plotino tenha abandonado a concepção da matéria como mal após a polémica antignóstica (contra isto, J. M. Rist, *Plotinus on Matter and Evil*, «Phron. [1961], pág. 154-66), importa, contudo, reconhecer que a necessidade de inferir temas optimistas da tradição estoicizante se torna mais sensível em Plotino nos últimos tratados, que se seguiram a esta sua batalha filosófica.

O Cosmos Sensível

nos apresenta mais problemas do que os que nos surgem no pensamento de Plotino acerca da matéria e do mal, no seu conjunto, ou antes, não faz outra coisa a não ser voltar a propô-los. Em I, 8 [51], 3, 1 e ss., o mal é definido por Plotino como «uma forma do não-ser»; mas «forma» é um termo aplicado de maneira totalmente imprópria, pois as características do mal consistem em estar privado de medida, de limite e de forma. Rejeita explicitamente uma certa interpretação, já encontrada como típica de autores do platonismo médio, da «alma maligna» das *Leis* 896e como potência universalmente activa e maléfica, ou como uma «alma material»: a alma maligna não é outra coisa senão a alma escrava das paixões, que se voltou para a matéria (*ibid.*, 4, 18). O mal por si mesmo consiste na privação total, mas como tal só é conjecturável no limite extremo da hierarquia dos seres (*ibid.*, 5); concretamente, encontramo-nos sempre perante males parciais, pelo que o mal resulta sempre para nós como dominável, não absoluto (5, 30 e ss.). Por este caminho, vemos Plotino regressar à exegese estoicizante do *Tim.* 68e, a propósito do domínio da razão sobre a necessidade, e à teoria do mal como reentrando indirectamente na ordem do bem.

Desta maneira, o mal volta a ser redimensionado e a função da matéria sofre um tratamento análogo. «Carência» na ordem natural, travão ao completo efectivar-se do bem, obstáculo mas não causa activa e operante, a matéria torna-se causa activa do mal só quando se traduz em qualquer coisa que é uma sua derivação secundária: a corporeidade geradora das paixões; em definitivo, só no plano antropológico é que podemos falar de um domínio da matéria sobre o espírito, não na ordem natural, onde o ser domina sempre sobre o não-ser. Para Plotino, a ordem natural continua a estar imune à condenação radical: a matéria é nela um defeito e um limite; se, por vezes, parece assumir o carácter potencial de uma força subversora, isso afirma-se apenas com o objectivo de sublinhar novamente a vitória da inteligência demiúrgica sobre ela. Desta maneira, não ficam decerto resolvidos todos os problemas. Plotino não sabe nem pode dizer a que se deve imputar a presença do mal no universo. A sua teologia detém-se no ponto em que param todas as teologias fundamentadas numa teodiceia rigorosamente monista: o mal, que não é princípio e que não pode derivar do princípio supremo – Bem na sua essência – permanece, na realidade, sem explicação causal, obscuro na sua origem.

VI. O Homem

1. A alma individual

O homem é composto de corpo e alma. Trata-se de um esquema tradicional de tal maneira estabelecido que nem sequer as filosofias materialistas da época helenística tentaram negá-lo: contentaram-se com ver também na alma uma realidade corpórea, ainda que de tipo diferente[1]. Os problemas que Plotino levanta a este propósito são principalmente dois: o que constitui a verdadeira essência humana será a composição alma e corpo ou apenas a alma? E a alma – seja ela identificada com o próprio homem, ou considerada a sua parte mais importante – enquanto realidade individual, em que relação está com a alma universal, animadora e ordenadora do mundo?

Este segundo problema é, na realidade, o mais complexo de resolver, por ser também um daqueles problemas que o

---

[1] Assim afirma Epicuro, *Epist. ad Herod.* 63 (a alma inteligente e senciente, composta de átomos «diversos», não comparáveis a qualquer outro tipo de átomos); assim também a *Stoá*, particularmente a *Stoá* crisipiana, com a recuperação do conceito de éter como fogo construtivo e privilegiado e a concepção do pneuma da alma como fogo inteligente, diferente do fogo comum, sopro inflamado de natureza particular (SVF I, 134-135, II, 774, 779, 785, etc.).

platonismo herda de Platão, mas dos quais não encontra em Platão não só qualquer explicação, mas nem sequer um traço indicador: Platão tratou da alma do mundo no *Timeu* e nas *Leis*, sem abordar qualquer elucidação acerca da relação inevitavelmente subsistente entre esta e as almas dos indivíduos singulares. É difícil dizer também aqui até que ponto determinadas soluções de Plotino podem ser já antecipadas pela história do platonismo médio, atendendo à escassez das nossas informações específicas. É claro que Plotino, ao abordar o problema de um ponto de vista geral, tem grande tendência para afirmar o primado da universalidade e a teoria segundo a qual todas as almas singulares encontram na alma universal a sua unidade, nela se resgatando da sua dispersão. Esta teoria assenta, antes de mais, na consideração primária de que todas as almas encontram na alma universal o seu modelo e, portanto, a sua unificação a nível transcendente. A alma universal não é imanente às almas singulares, mas transcende-as, colocando-se em referência a elas como um exemplar sobre o qual são modeladas.

Tornou-se já amplamente estabelecido, e Plotino aceita-o, o esquema aristotélico tripartido em faculdades vegetativas, sensitivas e racionais (II, 2 [14], 5; III, 4 [15], 4, 2 e ss.; e noutros passos). A alma universal é também tripartida, não menos do que as almas singulares: a sua potência intelectiva transcende o todo e, como já vimos, está «junto da Inteligência» de que imediatamente deriva; a parte sensitiva está nas esferas celestes; a vegetativa, no mundo sublunar (II, 2 [14], 3). Da terra, esta potência inferior estende-se à parte superior, a que aspira; esta circunda-a com um movimento circular, transmite-lhe o seu movimento, pois que o movimento (Plotino, como acontece noutros passos, mantém-se fiel ao princípio platónico) vem sempre daquilo que é superior na hierarquia do ser, da alma para o corpo, e não deste para aquela. Cada alma singular não é uma fracção do todo, visto que é em si mesma uma unidade orgânica, total, concluída: por conseguinte, quando se diz que todas as almas encontram a sua unidade na alma universal, isto não significa que esta se fraccione ou que as almas singulares sejam as suas partes divididas, como as partes de um todo dilacerado (numerosos passos que afirmam a unidade de todas as almas na alma universal, nos tr. IV, 3 [27], III, 7 [45], III, 5 [50], são esclarecidos por afirmações, assim por ex. IV, 3 [27], 3, 20 e ss., sobre a alma individual como uma alma perfeita). Por conseguinte, é mais exacto dizer-se que a alma individual é uma imagem da alma universal (IV, 9 [8], 1, 4, 15 e ss.), porque em cada alma existe uma duplicidade de parte superior transcendente e de parte inferior (IV, 3 [27], 4, 30 e ss.). Na unidade vivente da alma, de cada alma, da alma individual não diferentemente da alma universal, está contida a multiplicidade dos seres (VI, 5 [23], 9); e tal porque a alma é, por seu turno, apenas o espelho e a imagem de uma superior unidade: a sua unidade é derivada, em certo sentido, mentirosa, inautêntica (*ibid.*, 20 e ss.). Há também um momento – um momento relativamente primitivo do ensino de Plotino (IV, 8 [6], 3, 12-13) – em que ele procurou numa distinção lógica o critério de diferenciação entre a alma universal e as almas singulares: estas situar-se-iam em relação àquelas como a espécie em relação ao género. Mas compreende-se bem como a solução é provisória e insatisfatória para Plotino, que regressa a uma linguagem de maior fidelidade platónica e mais sua.

No entanto, a relação entre modelo e imagem, ao acentuar exclusivamente as semelhanças, não é suficiente para esgotar o problema. De facto, Plotino está consciente de um modo diferente que a alma singular e a alma universal têm de se referir à matéria e ao corpóreo. Elas têm uma composição análoga, constam de uma alma divina e transcendente, que vem da inteligência, e de uma alma inferior que vem do cosmos; uma mais divina, outra que «reside no todo» (IV, 3 [27], 27; ibid. 31); duas almas que podem entrar em conflito, ou em acordo, de tal maneira que uma é veículo da outra; uma ainda ligada à sua origem, outra em contacto directo e imediato com a sua corporeidade. A alma universal, porém, relativamente ao corpo do mundo, tem um comportamento diferente daquele que tem a alma singular relativamente ao corpo singular. É no tratado antignóstico, em que Plotino faz todos os esforços por afirmar a bondade da ordem universal, que acentua ao máximo esta diferença: a alma universal não está ligada ao corpo do universo como a nossa está ligada ao nosso corpo: domina-o

INTRODUÇÃO A PLOTINO

livremente (II, 9 [33], 7, 8 e ss.). Quer isto dizer que a alma cósmica não pode sofrer paixões – o que levaria a uma perturbação da ordem universal; ao passo que a nossa alma está sujeita de alguma forma às paixões, pode ser por elas perturbada. Naturalmente, isto levanta outros problemas não menos complexos; o primeiro de todos eles é saber como e em que medida um inteligível (impassível na sua essência mais pura) pode ficar subjugado e sofrer: Plotino, em nome da impassibilidade da alma, refutou radicalmente a teoria estóica da sensação como «impressão»([2]) (III, 6 [26], 1); mas, superado o problema sob o aspecto gnoseológico, deparamos com ele sob o aspecto ético; Plotino esforça-se de todas as formas também por repelir toda a passividade para o corpóreo: na sua essência de forma, a alma permanece impassível, é o corpo que suporta as paixões (*ibid.* 31 e ss., e 11, 31 e ss.). E, no entanto, o problema não cessa de se apresentar e de receber novas e atormentadas soluções: noutro passo, Plotino dirá que nem a matéria em si mesma nem a forma em si mesma estão sujeitas às paixões, são os compostos que lhes estão sujeitos, e a consciência das paixões mais violentas chegam até à alma (III, 6, 19, 8, 14). Não deve esquecer-se que, num tratado muito anterior, o tr. 5, Plotino chegou ao ponto de admitir que a alma é passiva, *empathés*, para fazer sobressair o eterno ser em acto da inteligência (V, 9, 4, 12 e ss.); por vezes, tentou também resolver o problema da relação razão-paixões mediante o esquema matéria-forma: os actos intelectuais são «forma», aquilo que chega à alma vindo de fora é matéria, e é «paixão» tudo aquilo que a alma sofre; entre razão intelectiva e paixões repete-se a mesma relação subsistente entre a Inteligência e a Alma do todo, uma que informa, a outra que recebe, portanto passiva no que se refere àquilo que é superior (V, 1 [10], 3, 14 e ss.). A alma, embora permanecendo imóvel na sua essência, de alguma forma, de reflexo, recebe, secundariamente, os contra-golpes da paixão que tem por sede o corpóreo. E nem sempre – como, ao invés, acontece para a alma universal – a iniciativa está na

---

([2]) SVF I, 58-59; II, 53, 56.

O HOMEM

alma; ou seja, a nossa alma de homens individuais, de algum modo, sofre. No entanto, não é a alma que está contida no corpo, mas o corpo na alma: e isto, que vale, como já vimos, para a Alma do todo, é um princípio que vale também para a alma do ser racional individual. A alma do homem conserva, de facto, a sua transcendência relativamente ao corpo, nunca está inteiramente no sensível (IV, 8 [6], 8, 1 e ss.): o que faz que ela seja sempre separável do sensível. E a sua ligação com o corpo não possui uma natureza separável (V, 2 [11], 2): assim como Plotino, acerca do próprio Uno, falou de vontade e de liberdade, assim também julga garantir esta liberdade a todos os níveis da vida racional do universo. Mas é claro que, no caso da alma singular, o conceito de liberdade torna a coincidir com o conceito aristotélico e já tradicional de escolha contingente; e, digamos, aristotélico, pelo facto de ter sido Aristóteles a esclarecer racionalmente o conceito de contingência, oferecendo instrumentos essenciais à reflexão ulterior, mesmo se Plotino pode encontrar a ideia de «escolha» no mesmo mito de Er na *República*, no passo em que Platão faz depender a assunção de um novo corpo, por parte da alma que reencarna, de um acto de escolha que desloca o problema da liberdade para uma fase pré-natal (*Resp*. X, 617d-e). De facto, para Plotino, a descida à corporeidade, como veremos melhor dentro em pouco, é fruto de uma escolha livre: no seu desejo de uma nova vida, a alma realiza uma escolha entre a racionalidade, a imaginação, o instinto, conforme decidir ficar-se pela vida da planta, avançar até ao animal ou elevar-se até à razão humana.

Diversas são as soluções adoptadas por Plotino para esclarecer a relação entre a alma e o corpo – o que constitui a pergunta fundamental sobre a verdadeira essência do homem. Existem soluções que já se tornaram tradicionais e que ele não pode iludir, *tópoi* clássicos que tem necessariamente de voltar a propor: por exemplo, o problema de saber se a alma em relação ao corpo é aquilo que o timoneiro é em relação à barca, ou se o corpo se pode definir como um instrumento de que a alma faz uso (IV, 3 [27], 21, 11 e ss.; I, 1 [53], 3, 20 e ss.): reminiscências do *Alcibíades I* (130 a), talvez também de Aristóteles

(*De part. anim.* II, 646a e ss.)([3]). Se, no primeiro dos dois tratados, Plotino parece valorizar em absoluto estas metáforas, no segundo retoma-as num contexto mais complexo: tem presente também o III livro do *De anima* aristotélico, a teorização da relação de alma e corpo como matéria e forma e aceita-a profundamente ao mesmo tempo que a revê; só num determinado sentido a alma é «forma do corpo»: é forma «que toca», assim como o timoneiro toca no leme; por outras palavras, não é imanente, não forma com o corpo um todo intrinsecamente unitário; é forma transcendente. Mais tarde, regressarão as metáforas largamente utilizadas noutros passos para a alma do mundo: a alma é luz que ilumina o corpo e o penetra, ou melhor, o corpo é o seu reflexo, uma imagem projectada no espelho obscuro e amorfo que é a matéria (I, 1 [53], 8, 16 e ss.).

Por conseguinte, a alma tem verdadeira realidade, e não o corpo; ou este só tem realidade na medida em que não coincide com a matéria, mas é matéria de algum modo formada. Separável dele, a alma jamais nele perde a sua verdadeira natureza (IV, 7 [2], 9, 6 e ss.); fazer dela uma forma inseparável, uma enteléquia à maneira aristotélica, é negar a sua mais verdadeira natureza (*ibid.*, 8[5], 1 e ss.); contra esta teoria, Plotino recorre também a uma argumentação de natureza extrafilosófica, como a que se fundamenta na metensomatose: como poderia a enteléquia de um corpo, sua forma única e individual, passar para outros corpos? No entanto, outras vezes, parece aceitar também argumentos aristotélicos, em particular nos passos em que encontra em Aristóteles a continuação dos temas platónicos: quando combate a teoria da alma como harmonia (IV, 7, 8[4]), não infere porventura a sua argumentação apenas do *Fédon*, em que Platão demonstrou a impossibilidade de defender semelhante doutrina que ligaria intrinsecamente a alma ao corpo como o som ao instrumento, mas também do tratado juvenil

---

([3]) Esta é uma obra em que Aristóteles aparece ainda ligado à teoria do corpo como órgão ou instrumento da alma, teoria que depois superou quando, no *De anima*, chega a formular a teoria da alma-enteléquia; cf. F. Nuyens, *L'évolution de la psychologie d'Aristote*, Lovaina 1948, pág. 159 e ss.

O HOMEM

Eudemo de Aristóteles([4]). Nem jamais se deve esquecer a influência da teoria do intelecto activo, puro e separado, do livro III do *De anima* sobre a doutrina psicológica de Plotino: o que já se afirmou sobre a concepção da alma universal poderia repetir-se pontualmente sobre a da alma singular, em que se reflecte a duplicidade daquela.

Mas, se tudo isto é verdade, então a alma é intrinsecamente boa([5]). Como a inteligência e a alma universal de que depende, é «boniforme», tem em si a forma do bem (I, 8 [51], 1; *ibid.*, 11); a sua essência pura é a beleza (I, 6 [1], 5 e 6); ou então é a razão (III, 6 [26], 1, 29 e ss.); V, 3 [49], 8 e ss.). E, por conseguinte, enquanto alma, está isenta do mal; para o homem, abster-se do mal significa actuar a sua essência de alma: faz-se o bem quando a alma se torna verdadeiramente ela mesma, na sua natureza impassível e eterna. Quando se separa ao máximo do corpo é que a alma se torna intelecto puro, pura forma (I, 6 [1], 6), porque assim consegue separar-se das afecções que afectam o corpo (I, 2 [19], 5); pelo contrário, ao misturar-se com o corpo, isto é, com a matéria, esfera da corporeidade, a alma perde a medida e a ordem (I, 8 [51], 4, 11 e ss.). A inclinação da alma para a matéria faz que ela consiga ofuscar a pureza da sua essência: chega então a tocar e a ver aquilo que a alma superior e perfeita, a que está voltada para a inteligência, não toca e não vê (*ibid.*, 27 e ss.). Na esteira de Platão (*Phaedo*, 65b e ss.), Plotino repete que a virtude suprema do homem reside na separação suprema, espécie de morte em vida, a morte do elemento corpóreo. Para Plotino, reside aqui a «purificação»; a purificação autêntica para o indivíduo consiste em remontar à sua pura essência, é identificar-se ao universal.

Nesta parte da filosofia de Plotino, repetem-se e acentuam-se todas as aporias sobre o mal, que já vimos. Acentuam-se, porque Plotino, que efectivamente chegara a negar o mal na ordem

---

([4]) W. Jaeger, *Aristoteles*, pág. 43; acima, cap. III, n. 39.

([5]) De forma diferente, na teoria segundo a qual a alma não faz voluntariamente o mal, mas o sofre, pode reconhecer-se a origem socrática do princípio de que o mal não é voluntário; isto contra a tomada de posição anti-intelectualista de Aristóteles, *Eth. Eud.*, I, 1216b.

INTRODUÇÃO A PLOTINO

universal, a vê-lo mais como um limite do que como um obstáculo, é forçado a admitir uma bem mais pesada presença no agir vicioso do homem. Dizer que sofremos sem querer, *ouch hekóntas*, este mal que é anterior a nós, a matéria (I, 8, 5, 28), não é de modo algum uma solução; se sofremos o mal, quer dizer que, contra aquilo que é a sua própria asserção, Plotino deve aceder forçosamente à aceitação de que a alma pode «sofrer». Também aqui procura salvar as suas premissas com a afirmação de que não podemos fugir à nossa ineliminável condição de seres imperfeitos, atribuindo toda a culpa àquele pouco de «não-ser» que está em nós – não tanto presença activa do mal quanto privação do bem e, portanto, negatividade pura. Mas, frente à paixão maligna, à violência que ela exerce sobre o homem, conduzindo-o ao vício, eis que o mal se lhe apresenta como dotado de um mais grave peso realista. Talvez não estejamos enganados se observarmos que, mais do que a matéria em si, a *corporeidade* – que deriva da matéria, mas que é já uma forma secundária e determinada da matéria – é que se pode ter em Plotino por verdadeira causa do mal. Mas importa talvez acrescentar ainda que a única ordem das coisas em que ela pode efectivamente tornar-se causa activa, de maneira a produzir desvios à norma, é o terreno contingente da acção humana.

2. A liberdade humana

O homem ocupa, decerto, um determinado lugar no universo físico, que não deixa de ter importância para o objectivo das considerações sobre a liberdade humana e sobre o mal ético. Também sob este aspecto é notável a defesa que Plotino faz da autonomia da razão humana, frente às solicitações de uma época intensamente imbuída de crenças astrológicas e místico-mágicas. Embora não fugindo à crença comum na validade de algumas práticas mágicas([6]), Plotino rejeita a magia em geral, opondo-lhes a validade universal da lei supracósmica e, como

---

([6]) Cf. o que acima foi dito, cap. III. n. 12.

O HOMEM

reflexo, cósmica. As práticas mágicas afectam a parte irracional, o *álogon toû pantós*, que se reflecte no singular, a matéria, a corporeidade: o sábio está livre da magia, a contemplação liberta-o (IV, 4 [28], 44, 1 e ss.). Ele rejeita igualmente a astrologia e a prática divinatória, que lhe parece uma irreverente tentativa de instrumentalizar o divino. A religião astral que professa é a crença na divindade da parte superior do universo físico, mas também a convicção de que a acção desta sobre a parte inferior do cosmos é de ordem teológica e não pragmática. O seu é um regresso ao tipo de religião astral pré-astrológica, de que as obras tardias de Platão oferecem um modelo.

A justificação desta divindade (afirmada mais vezes: V, 1 [10], 2, 40; III, 4 [15], 6, 22) é a mesma das *Leis*: os astros são deuses, na medida em que se movem com um movimento regular, ordenado, perfeito (II, 9 [33], 8, 30 e ss.). Se Aristóteles conjecturara para estes aspectos formais uma matéria adequada, a matéria incorruptível, a matéria sem nome([7]), Plotino ataca esta hipótese, que lhe parece materialista, na medida em que implica a renúncia à teoria da alma do mundo: se se admitir a incorruptibilidade da matéria corpórea dos astros, deixa de haver necessidade de supor para eles uma alma, enquanto é nesta que reside a sua superioridade (II, 1 [40], 2, 20 e ss.). É curioso que noutro passo, e precedentemente, Plotino tenha acenado para uma teoria que, na realidade, não encontramos em Aristóteles, ou seja, que o «quinto corpo» está privado de matéria (II, 5 [25], 3, 17-18): não no *De caelo*, onde o éter já não é o «quinto corpo», mas o «primeiro corpo»([8]); nem sequer também no *Sobre a Filosofia,* que, por aquilo que dele conhecemos, não nos autoriza a tirar estas conclusões.

Por conseguinte, as almas dos astros, negadas por Aristóteles, são a causa da sua superioridade. Governam os astros «a partir de cima», transcendendo-os e, portanto, da melhor forma, sem

---

([7]) Sobre esta expressão, cf. fr. 21 Ross, 32 Untersteiner, e Untersteiner, Arist. *Sobre a filosofia*, pág. 228 e ss., com ampla literatura citada.
([8]) Cf. sobre este desenvolvimento do pensamento de Aristóteles um panorama da crítica e observações ainda em Untersteiner, Arist. *Sobre a filosofia*, pág. 236 e ss.

se deixarem envolver pela corporeidade (IV, 8 [39], 2). Animais divinos como são, não possuem memória nem sensação; a sua vontade é única, é a própria vontade do universo, cujas partes estão todas ligadas por «simpatia» ou «consonância» (IV, 4 [28], 35, 8 e ss.); eles, portanto, não querem nem podem querer algo de particular. Impassíveis na sua essência mais verdadeira (IV, 4, 42, 23 e ss.) são-no também relativamente à oração, a cujos efeitos não estão sujeitos; também aqui a religiosidade de Plotino se esforça por manter em pleno o seu universalismo racionalista, de nunca descair no ritualismo ou na magia. Que a oração produza um efeito deve-se apenas à lei da simpatia que liga entre si as partes do universo: é como a correspondência de uma corda a outra, em virtude da harmonia que brota da unidade do todo (IV, 4, 41). O universo de Plotino é um universo ordenado *ab aeterno*, que tem aversão ao voluntarismo como a alguma coisa de fortuito e arbitrário.

Os astros oferecem-nos sinais, anunciam-nos algo – Plotino admite-o na acção divinatória – mas sem serem a sua causa; porque não são «tiranos» do universo e não lhe impõem nada. Os argumentos antiastrológicos repetem-se mais vezes nas *Enéades*, desde o primitivo tratado 3 (III, 1, 6) até aos tratados mais amadurecidos. Os argumentos são muitas vezes extraídos de uma tradição bastante antiga: no tr. 3, encontramos uma argumentação já presente na obra ciceroniana *De divinatione* e remontando a Carnéades, como por exemplo a que constata a diferença de destinos entre indivíduos que deveriam estar sujeitos às mesmas influências astrais (*De divin.*, II, 21, 47). Os acontecimentos não derivam dos astros, mas de causas várias e subordinadas – circunstâncias, disposições, lugares – ao passo que os astros, na sua indiferente superioridade, apenas dão sinais das coisas que hão-de acontecer, sem as predeterminar, sem, principalmente, influir nas nossas vontades: é ridículo fazer depender os acontecimentos de uma vida da sua disposição (II, 9 [33], 13, 20 e ss.; II, 3 [52], 3, 1 e ss.). Aliás, se Plotino, sobretudo na fase mais tardia representada pelo tr. 52, entra a fundo numa cerrada polémica contra o absurdo da astrologia militante, é necessário, no entanto, admitir que, com o reconhecimento da semasiologia dos astros, faz uma conces-

O HOMEM

são importante à astrologia: afirmar que os astros são como cartas escritas no céu, onde se podem ler os acontecimentos (II, 3, 7, 4 e ss.), é ir muito além do alcance da doutrina platónica. Existe, sem dúvida, em Plotino um esforço por recuperar tudo o que da teoria astrológica se pode inserir na sua visão unitária do cosmos, na medida em que os astros são seres que colaboram na sua racionalidade e regularidade.

Plotino é coerente com o *Timeu* (41c-e, 69c-d), ao defender que as almas individuais têm a sua proveniência de uma sede astral (II, 3 [52], 9, 14-15). Mas tem de conciliar esta relevância cósmica da sua psicologia com a teoria, para ele primária e fundamental, segundo a qual as almas não têm qualquer lugar e nenhum corpo se pode dizer o lugar da alma, antes o corpo está na alma: verdade que, afirmada em absoluto em relação à alma universal, deve ser repetida, ainda que com alguma diversidade, em relação à alma individual. Sim, é também verdade que esta é atraída para o corpóreo como que por magia, que do inteligível passa à esfera astral e ao elemento terrestre, que aí fica sujeita a vicissitudes que podem levá-la a reencarnar em formas degradadas; em suma, está envolvida nos destinos que dominam o mundo físico e pode tanto mais ser envolvida quanto mais esquecer a sua verdadeira essência e natureza. Mas aos astros escapa aquilo que somos na nossa mais verdadeira essência, aquele eu racional mediante o qual temos o domínio das paixões e nos subtraímos à matéria; dos astros retiramos tudo o que não é o nosso eu mais verdadeiro – tendências, inclinações, disposições – enquanto o nosso eu verdadeiro e interior permanece voltado para o alto, para aquele lugar que não é lugar, para a inteligência e para o bem (II, 3, 9-10). E eis que, no entanto, as almas se alternam na sua vida cósmica, em número finito (v, 7 [18], 1, 17) – teoria que também depende da interpretação de uma passagem de Platão([9]) – tornando a fazer parte sucessivamente de uma multiplicidade de corpos (V, 1 [10], 4; IV, 3 [27], 7 e 8); e cada alma possui em si as razões

---

([9]) *Resp.* X, 611a (as almas são «sempre elas mesmas»). Sobre a história da interpretação cf. ZM II, 3, pág. 399-400.

INTRODUÇÃO A PLOTINO

seminais de todos os indivíduos a que pertenceu (V, 7 [18], 1, 7 e ss.). Embora continuando a ter no alto as suas raízes, a viver segundo uma lei de liberdade interior, diferente relativamente à lei cósmica (IV, 3 [27], 15, 12 e ss.), embora estando intimamente isenta das leis da necessidade cósmica, *anánke* ou *heimarméne* (IV, 4 [28], 32, 26 e ss.), todavia, em certa medida, quanto ao seu contacto com a matéria, a alma individual está implicada na necessidade cósmica. Esta impõe-lhe os seus ciclos: porque a vida cósmica está sujeita a retornos periódicos sobre si mesma; quando as formas de todas as realidades se esgotam, voltam a produzir-se, numa renovação e repetição prefixada dos ciclos vitais. Os ciclos do tempo cósmico estão para Plotino estreitamente ligados aos destinos das almas individuais; estas não assinalam a duração com as suas descidas e subidas, reguladas por leis racionais (IV, 3 [27], 12, 12 e ss.); se é finito o número dos arquétipos, também os seres deles derivados – embora infinitamente superiores na quantidade – são em número definido e destinados a retornar (V, 7 [18], 1, 10-13).

Será uma concessão à *Stoá* esta ideia do eterno retorno das coisas? É verdade que a *Stoá* – embora a teoria da conflagração pertença à fase mais antiga da vida da escola – pode ter tornado familiar a ideia do eterno retorno([10]); nem faltam na sociedade imperial possíveis contaminações entre a doutrina estóica e análogos traços doutrinais orientalizantes, presentes por exemplo no mazdeísmo que, no século III, conhece um pujante reflorescimento, ligado aos seus novos destinos políticos em ambiente sassânida([11]). Mas a ideia da reprodução periódica das coisas tem também outras proveniências culturais: poderia

---

([10]) Cf. SVF I, 106-109, 512, II, 623-631; a ideia do retorno dos indivíduos singulares está presente nesta concepção: SVF I, 109, a propósito do retorno de Sócrates, juntamente com os seus acusadores Anito e Meleto, para se sujeitar novamente a ser processado.

([11]) Cf. J. Bidez – F. Cumont, *Les mages hellénisés*, Paris 1938, II, pág. 148--50, sobre os textos gregos com testemunhos da doutrina zoroástrica em contaminação com temas estóicos (em particular Díon Crisóstomo, *Oratio XXXVI*, 39-60).

O HOMEM

ter chegado a Plotino a partir de uma tradição mais próxima dele, como a pitagórica (pensemos no passo de Simplício, derivado de *Eudemo*, sobre o «eterno retorno» no âmbito pitagórico, a propósito do qual se pode simplesmente discutir acerca da antiguidade da teoria, mas não negar a sua presença naquela tradição filosófica)([12]). Nem faltou uma teoria da ciclicidade no âmbito médio-platónico: deveria, aliás, configurar-se de forma diferente, se é que Severo, como nos diz Proclo criticando-o([13]), se baseava efectivamente no mito do *Político* (270b e ss.), relativo aos dois ritmos alternados do universo ali descritos por Platão, para transformar esta narrativa mitológica em teoria dos ciclos cósmicos.

Nem aqui reside certamente a mais original concepção plotiniana do tempo: deve procurar-se no ponto em que Plotino, ao reencontrar a sua temática mais peculiar, enfrenta o problema do tempo em relação ao eterno e em relação à Alma. Assim como a alma não tem lugar, não está «no lugar» – é o corpóreo, ligado pela sua natureza a um lugar, que está na alma –, assim também não está no tempo, mas é este que está na alma: ela é portadora do tempo, contém-no; acima da alma situa-se a inteligência e acima do tempo situa-se a eternidade, enquanto contida na inteligência (IV, 4 [28], 15, 1 e ss.). É a teoria das hipóstases aplicada à célebre distinção platónica do *Timeu*, o tempo como «imagem perpétua» da eternidade. Mas também aqui Plotino se afasta originalmente do seu habitual ponto de partida: Platão falara da imagem perpétua da eternidade, o tempo, como de uma realidade que procede segundo o número; como de um movimento regulado pelo ritmo numérico. Nunca Plotino entraria em polémica directa com Platão; no entanto, no tardio tr. 45 (III, 7, 9-13), dedicado em particular ao problema

---

([12]) Eudemo, fr. 88 Wehrli (de Simplício *In Arist. Phys.*, pág. 732 Diels). A propósito, C. Mugler, *Deux thèmes de la cosmologie grecque. Devenir cyclique et pluralité des mondes*, Paris 1953, pág. 82 e ss.

([13]) Proclo, *In Plat Tim.*, I, pág. 289, 7 e ss.; II, pág. 95-6 Diehl. Proclo critica Severo por ter caído num equívoco em volta do texto platónico, que pretende apresentar um mito e não uma concepção realista do tempo cósmico. Sobre a interpretação moderna do mito cf. ZM II, 3, pág. 228-37.

INTRODUÇÃO A PLOTINO

eternidade-tempo, vemo-lo altercar com teorias derivadas da teoria platónica e com ela estreitamente afins([14]): em particular, a do tempo como medida, que pertence a Aristóteles (*Phys.* 219a – 220a); mas também a do tempo como movimento, ou como intervalo, ou como identificando-se com a esfera cósmica([15]). A essência do tempo, para Plotino, não é cósmica; o tempo é por ele interiorizado na alma: tem a sua primeira manifestação na alma que o gera. Uma vez que a alma está em todo o lado, é – como afirmava a Academia antiga seguindo o *Timeu* – «co-extensiva ao universo»([16]), ou melhor, porque ela compreende e contém em si tudo, também o tempo é omnipresente, sem por isso se identificar com a realidade que contém e conservando a sua natureza superior a ela, da mesma maneira que a alma do universo é superior ao universo corpóreo. A partir do cosmos, mais uma vez, somos reconduzidos às raízes inteligíveis do cosmos.

3. O retorno da alma ao Uno-Bem

O núcleo da doutrina de Plotino reside no problema do homem interior, da contemplação, do retorno da alma ao inteligível e ao bem. Um tema platónico fundamental está também aqui presente: o tema da «fuga do mundo», inspirado ora no *Fédon*, ora no *Alcibíades I*, ora no *Teeteto*, para regressar ao verdadeiro eu, da retirada dos sentidos para a humanidade

---

([14]) O debate sobre o ambíguo passo do *Timeu*, onde a definição do tempo parece oscilar entre o conceito de movimento e o de número, pertence já à tradição antiga: cf. Simplício, *In Arist. Phys.*, pág. 700, 18 e ss. Diels.

([15]) Cf. a ecléctica definição de Xenócrates (o tempo como «medida do devir e movimento eterno», fr. 40 H. = 159 I. P.); a definição do tempo como «intervalo», *diástema*, será retomada pelos estóicos (SVF II, 509-516), mas é anterior, provavelmente pitagórica, atribuída pelos comentadores a Arquitas (Simplício, *In Arist. Categ.*, pág. 350 Kalbfleisch e noutros passos); a definição do tempo como identificando-se com a «esfera do cosmos» já é conhecida de Aristóteles, cfr. *Phys.* IV, 218a 31b 1.

([16]) Sobre a definição já citada de Espeusipo cf. acima, cap. V, n. 10.

O HOMEM

verdadeira que coincide com a interioridade da alma. Mas Plotino vive este tema platónico com uma intensidade transcendente incrementada e com a sensibilidade religiosa de uma «época de angústia»([17]). O tema da «retirada» e do «retorno» assume uma tonalidade religiosa de intensidade incomparável relativamente à que poderia ter na página do filósofo da cidade grega, a fechar a época do racionalismo sofístico.

Plotino afirma que a teoria é superior à práxis. Numerosos filósofos, por exemplo os filósofos do Helenismo, perderam-se na exaltação da pura práxis; os estóicos mostraram-se superiores aos epicuristas porque, enquanto estes últimos se remetiam ao agradável, eles souberam ir além e alcançar o belo; no entanto, não ultrapassaram a esfera das acções (V, 9 [5], 1, 1 e ss.). Mas a práxis é considerada a sombra da teoria, seu esgotamento e enfraquecimento, dotada de um menor grau de ser e de realidade (III, 8 [30], 4, 32 e ss.); Plotino afirma-o neste ponto, com um tom que revela a influência não só de Platão, mas também da exaltação da vida teorética exposta por Aristóteles no livro X da *Ética a Nicómaco*: parece colher um eco directo da *Ét. Nicom.* sobretudo em I, 5 [36], 10, 21 e ss., em que as conclusões de Aristóteles acerca da superioridade da teoria pura sobre a práxis são retomadas e sublinhadas. Noutro passo (VI, 8 [39], 4, 8 e ss.; V, 3 [49],6, 35 e ss.), a acção prática representa-se como aquela que não permanece em si mesma, que sai de nós e se volta para outro, da qual, portanto, não temos a posse plena, ao passo que a inteligência tem como característica sua a de não sair de si, de ter em si a sua razão; também aqui, nesta distinção entre o que é «de per si» e o que tende para outro, estão presentes longínquos módulos teóricos aristotélicos, ainda que já tenham passado a fazer parte do património filosófico platonizante em sentido lato.

No *theoreîn*, no puro pensar, consiste a verdadeira essência da alma, e voltar-se «para cima», para a razão transcendente, pura, incorpórea, é reencontrar a própria alma; ou, por outras

---

([17]) A fórmula feliz é, como se sabe, da autoria de E. R. Dodds, *Pagan and Christian in an Age of Anxiety*, Cambridge 1965.

INTRODUÇÃO A PLOTINO

palavras, é reencontrar-se a si próprio: pois o homem é a sua alma. Aqui emerge, de novo, a teoria do *Alcibíades I*, diálogo que Plotino imita de modo explícito: se Aristóteles, não obstante a sua exaltação da vida teorética, não se manteve fiel a esta identificação, que dela descenderia logicamente, Plotino, pelo contrário, tenciona ser-lhe inteiramente fiel: remete para *Alc. I*, 130a, quando cita Platão sobre a teoria do «homem interior»; *Alc*. I, 130c, quando propõe a definição de ser humano na forma de «uma alma que se serve de um corpo»: o verdadeiro homem, o homem superior, é a alma, mas esta prolonga-se numa imagem sua, que é a corporeidade (respectivamente em V, 1 [10], 10, 10; VI, 7 [38], 5, 11 e ss.). A corporeidade afasta-nos do verdadeiro ser: compostos de «essência» e «diferença», isto é, de ser e qualquer coisa diferente do ser, é, no entanto, só em virtude do ser que somos nós mesmos (VI, 8 [39], 12, 1 e ss.). Em forma concisa e assertiva, a definição volta a aparecer no tr. 50 (III, 5, 5, 14): o homem é a alma do homem. Não há que esquecer as consequências religiosas destas afirmações: a alma do homem nunca deixa de ser algo relativamente separado dele, e ao mesmo tempo fazendo parte dele, pela sua essência e natureza demoníaca (III, 4 [15], 5-6). O *daímon* está acima de nós e, ao mesmo tempo, em nós, na medida em que somos razão e inteligência, alma verdadeira (III, 4, 5, 20-21)([18]).

A fuga do mal de que fala o *Teeteto* (176a–b) é, por conseguinte, a fuga à corporeidade, ao sensível. O «fugir daqui», a que se refere este diálogo platónico, outra coisa não é senão encontrar a nossa verdadeira liberdade, retirando-nos para aquilo que verdadeiramente somos, separar-nos de todas as superfluidades, redescobrindo o nosso ser originário (II, 3 [52], 9, 14 e ss.). A fuga do mundo sensível como «assimilação a Deus» é um tema que, de resto, Plotino tratou de modo constante, desde os primeiros tratados: com esta afirmação se abre o pequeno e tendencialmente exotérico tratado *Sobre as Virtudes* (I, 2 [19], 1, 1 e ss.), mas o tema é tratado com maior amplitude no passo onde se fala da felicidade do sábio, com a sua bela imagem de

---

([18]) Esta é também a teoria de antiga origem na Academia, afora os traços presentes no próprio Platão: cf. sobre Xenócrates os fr. 81, 83 H. = 236-239 I. P.

O HOMEM

alguém que utiliza o corpo como um instrumento; que, em seguida, pode passar a um canto sem instrumentos, deixando de se servir do próprio corpo como deixaria de tocar a lira. O que não significa escolher voluntariamente a morte; de facto, Plotino não vê com bons olhos a estéril opção do suicídio: bem diferente, como lhe ensinou o *Fédon*, é a «morte de si mesmo» que o filósofo pratica, embora aceitando a vida. A fuga do mundo não significa abandoná-lo fisicamente, é viver nele de acordo com a justiça, isto é, de acordo com a razão, com a alma que permanece lá em cima, no reino do inteligível (I, 8 [51], 6, 10 e ss.).

O *Banquete* (e em particular 210a–c) é outro texto platónico de que Plotino se faz exegeta à sua maneira, quando traça a linha da ascensão progressiva em direcção ao belo inteligível. Esta exegese transparece através da abordagem deste tema em V, 9 [5], 2, 1 e ss.): é a descrição de uma ascensão desde a beleza dos corpos à das almas, dos prazeres sensíveis às ciências e às ocupações nobres; e ainda à alma, causa da beleza dos corpos; desta à própria fonte da beleza, a inteligência; e, por fim, da inteligência ao bem. Do belo que existe nos corpos ao belo em si, é a via ascendente de Platão; e, na *República* (IV, 509d–511d), a ascensão através dos quatro graus do conhecer faz pensar no «princípio além das hipóteses», no valor absoluto, contraposto aos pressupostos-hipóteses que são princípios da ciência. Mas a via de Platão é reversível: tem um retorno às coisas: trata-se de apreender o autêntico valor racional das realidades singulares para, em seguida, desta certeza que se alcançou fazer o instrumento válido para o conhecimento, o modelo aplicado, o parâmetro para um juízo sobre o mundo([19]). Para Plotino, a subida é unívoca e irreversível: aquele que chegou lá, *ekeí*, separou-se do sensível de forma radical e absoluta, não pode deixar de lá permanecer com o seu espírito; lá é a sua verdadeira pátria, aqui em baixo vive como um estranho (I, 6 [1], 16-17: «fujamos para a pátria querida»). Não pode deixar

---

([19]) Esta estrutura ascendente-descendente da dialéctica platónica foi captada com agudeza por V. Goldschmidt, *Les dialogues de Platon. Structure et méthode dialectique*, Paris 1947, pág. 9 e ss., pág. 342 e ss.

INTRODUÇÃO A PLOTINO

de lá ficar; mesmo se o ponto de chegada da subida acaba por ser tão vertiginoso que é impossível manter-se naquele estado conclusivo e final, a não ser por alguns instantes felizes. Como o próprio Plotino, graças a uma «luz demoníaca», terá vivido estes instantes, é Porfírio quem no-lo conta na *Vita* (23, 7 e ss.): e Porfírio tem o cuidado de citar o *Banquete* platónico, ao contar-nos a visão directa que Plotino teve desse Deus sem forma nem essência, acima da inteligência e do inteligível, desta sua união com o divino sob a forma de um «acto inefável»; tem o cuidado de sublinhar, também neste caso, a inspiração platónica do mestre.

A doutrina do êxtase pareceu a muitos críticos um traço do pensamento e da sensibilidade de Plotino, que o coloca fora do mundo grego. Errado: porque o «mundo grego» em que Plotino vive é o mundo grego da época imperial, uma época largamente contaminada por temas não helénicos, se por tal se entender um certo modelo clássico já remoto. Em todo o caso, Plotino esforça-se por ser fiel à tradição grega, vive-a intensamente, defende-a de modo sistemático: se ele a vive com o espírito do grego da tardia época imperial, uma época impregnada dos mais diversos sentimentos místico-religiosos, não é coisa que possa suscitar espanto; e, antes de se caracterizar como misticismo a religiosidade plotiniana, importa avaliá-la correctamente, em relação ao misticismo orientalizante da época – o que só poderá fazer ressaltar em definitivo o seu racionalismo intrínseco, que a diferencia de todas as outras manifestações correntes.

No termo do processo ascensional da alma, Plotino colocou um estádio final que é uma superação do pensamento. Trata-se de uma consequência lógica rigorosa baseada nas suas premissas: de facto, Plotino pôs o Bem-Uno como pensamento além do pensamento, *hypernóesis*, autoconsciência não pensante; e a realização de semelhante objecto não pode ter outro carácter a não ser o de uma ultrapassagem da própria esfera do pensamento. A descrição deste momento supremo, a que Plotino, utilizando um termo aliás não novo, chama «saída de si mesmo», *ékstasis*, é apresentada em vários pontos das *Enéades*. A primeira abordagem que dela temos é em VI, 9 [9], 9-13. É a

O HOMEM

descrição de um acto de contemplação que se torna união com o objecto e identificação absoluta com ele: depois de ter utilizado a habitual metáfora da luz (*ibid.*, 9, 55 e ss.: neste acto, é como se nós próprios nos tornássemos luz pura e absoluta) e, mais adiante, uma metáfora iniciática, cultual (o êxtase é como o acto daquele que entra no mais secreto recôndito do santuário, deixando atrás de si todas as imagens, *ibid.*, 11, 11 e ss.), esclarece o carácter não intelectual do acto: não é contemplação (*théama*), mas uma saída de si mesmo; uma total simplificação de si (*háplosis*) enquanto união com aquilo que aí existe de absolutamente simples; um dar-se e abandonar-se (*epídosis*); um contacto, um tocar o absoluto; um acto de paragem e de suspensão do próprio ser. Porque a alma, reentrando em si mesma, está só em si, e não no ser, na medida em que ultrapassa a esfera do ser (*ibid.*, 11, 40 e ss.); não se dirige em direcção a outro, mas em direcção à fonte primeira de si mesma, e o sair de si revela-se, na realidade, como um absoluto reentrar em si mesma. Todos estes temas estão destinados a ser retomados mais tarde. Vamos reencontrá-los no passagem em que Plotino volta a eles, depois de ter falado da ausência de forma, que caracteriza o Uno: se a inteligência é o lugar das formas, e se a inteligência do homem pode apreender as formas, para captar o «supremo privado de forma» importa ultrapassar a inteligência (VI, 7 [38], 35, 24 e ss.). O acto supremo da união com o Uno-Bem é uma transmutação da alma, uma imobilidade total, que já nem sequer é vida, porque é um contacto com aquilo que está além da vida. Analogias, negações, processos cognoscitivos não passam de preliminares ao acto da união; este, na realidade, é improviso: do *Symp.* 210c, Plotino retoma, para a aplicar ao momento extático, a expressão «intuir num átimo», «ver de improviso» (*eisideîn exaíphnes*) – não é por acaso que Porfírio, na *Vita*, como já vimos, falará de directa inspiração platónica. Mas o ver, o intuir de Platão, é sempre um ver inteligível, é a intuição de uma forma. Para Plotino (*ibid.*, 40, 24 e ss.), importa ir além do ser e do pensamento, à solidão total do absolutamente simples. Importa chegar ao silêncio, onde cessam o pensamento e o discurso, porque a razão e a forma são superadas.

Introdução a Plotino

A teoria plotiniana do êxtase não é a primeira teoria do género que conhecemos. A palavra êxtase é utilizada várias vezes por Fílon de Alexandria, que, por seu turno, a foi buscar à tradução bíblica dos *Setenta*: utiliza-a para indicar a perda de consciência de Adão, em que Deus o lança para lhe extrair a costela da qual formará Eva (*Gen.* 2, 21) ou para indicar a visão de Abraão, também ela uma saída de si mesmo (*Gen.* 15, 12). Noutros passos, o êxtase é entendido como um retrair-se dos sentidos, deixando, porém, a inteligência desperta (*Leg. Alleg.* II, 21-25); noutros passos ainda, como um estado de entusiasmo coribântico, que faz atingir o «vértice dos inteligíveis» e em que os raios puríssimos da luz total são de tal ordem que, por excesso de luz, quase obscurecem os olhos do pensamento (*De opif. mundi,* 71). Numa outra obra, *Quis rer. dives heres,* 69, compara-se o entusiasmo extático ao dos coribantes; mas aqui é mais claro do que noutros passos que Fílon se refere ao entusiasmo profético, ao espírito que transborda do profeta e que, em certo sentido, o impele para fora de si. E quando, ainda na mesma obra, 249 e ss., fala de outros tipos de êxtase, confrontando-os, reconhece também um estado de calma extática e absorta, como se fosse uma paragem do pensamento, mas considera-o inferior à condição de quem está possuído pela loucura divina, isto é, àquele tipo de êxtase que é o entusiasmo profético. Fílon parece, pois, não ignorar que o «sair de si mesmo» pode consistir numa espécie de tranquilo repouso na beleza do inteligível supremo; mas parece ter este estado por inferior relativamente ao do divino entusiasmo profético, que, na realidade, é uma espécie de possessão que a divindade leva a cabo no homem: não obstante algumas expressões verbais que podem apresentar semelhança com as expressões plotinianas (o «fugir de si mesmo», *Quis rer. div. her.* 69; a «solidão» em que se encontra o extático, *Leg. Alleg.* II, 25), a sua posição está bastante afastada da de Plotino([20]), e as suas raízes devem

---

([20]) A este propósito, está radicalmente redimensionada a tese de H. Guyot, *Réminiscences*, pág. 69-77, o qual tentou uma aproximação bastante marcada entre estes dois tipos de êxtase, ignorando o carácter completamente diverso do êxtase filoniano, mas também falseando em parte a perspectiva plotiniana.

O HOMEM

ver-se na religiosidade judaica tardia, mais do que na tradição filosófica grega.

Mais tarde, Plutarco, no seu esforço contínuo por assimilar os temas culturais helénicos e não helénicos, irá comparar o êxtase dos mistérios isíacos à visão suprema do belo e do bem, não só segundo Platão, mas também segundo Aristóteles. Em *De Iside et Osiride*, 382d, fala dele como de uma intuição que é experiência directa, contacto, identificação instantânea: «a contemplação do inteligível puríssimo e simples, como relâmpago que trespassa a alma num átimo, fazendo simultaneamente tocar e ver»([21]). Todavia, também o entusiasmo isíaco é uma espécie de possessão exterior, da parte da divindade; e falta a Plutarco todo o fundo teórico que torna racionalmente coerente a concepção do êxtase plotiniano. Mais próximo de Plotino está, quando muito, Numénio, para o qual se deve fazer um discurso mais complexo. Numénio define o êxtase como o conhecimento daquilo que é absolutamente primeiro, embora o objecto de tal conhecimento se configure, para ele, de forma diferente de Plotino. Ele não descreve, como Fílon ou Plutarco, um fenómeno de tipo requintadamente religioso, que assume características irracionais e dinâmicas, mas, tal como Plotino, algo que é um ponto de chegada último da visão intelectiva.

Assim, também para Numénio, o acto supremo do conhecimento é a visão imediata inteiramente tranquila, um supremo golpe de vista que capta uma distância inefável, como alguém que consegue apreender com o olhar um navio que está longe, no mar (fr. 2 D. P., de Eusébio, *Praep. Evang.*, XI, 21, 7): é um acto mediante o qual nos detemos com o próprio Bem numa solidão indizível, inenarrável, divina (*áphatos, adiégetos, thespésios*), a mesma solidão em que o Bem se detém na sua

---

([21]) Mas Plutarco utiliza por vezes o termo também em sentido negativo (*tó ágan ekstatikón, De def. orac.*, 437a, como «aquilo que distrai excessivamente», que faz sair de si de forma excessiva. Neste ponto, mais justamente Guyot, *Réminiscences*, pág. 81; o qual, porém, não viu que aquilo que diz de Plutarco para negar a influência do seu conceito de êxtase-sagrado entusiasmo acerca de Plotino pode ser aplicado a Fílon.

INTRODUÇÃO A PLOTINO

paz perfeita. Quando Eusébio utiliza a expressão *epí tê ousía*, neste mesmo contexto, quase parece que a doutrina de Numénio acaba por coincidir com a de Plotino, colocando o Bem «além do ser», «acima do ser». Mas, no final do discurso, o próprio Eusébio volta a definir o bem supremo como «aquilo que verdadeiramente é» – o que demonstra que a doutrina do Uno além do ser ainda não está amadurecida: a *ousía* de que se fala no primeiro caso é a realidade do universo, a que se contrapõe o ser em si. É certo que Plotino retomou de perto a expressão numeniana: se Numénio tinha dito do bem que ele é *epochoúmenon epí tê ousía* («plana por cima da realidade do ser»)([22]), encontramos algo de muito semelhante em *Enn.* I, 1 [53], 8, 9: repete-se a palavra *epochoúmenon*, mas esclarece-se sobre que essência o Uno-Bem «plana»: a essência inteligível, ou seja, aquela que «é» em sentido autêntico. Numénio é, pois, o autor que mais se aproxima de Plotino, não hesita em retomar também algumas expressões suas, mas, ao mesmo tempo, guardando as devidas distâncias: o Uno-Bem não é para ele intelecto nem «ser autêntico», está ainda acima destes. O retorno ao Uno-Bem é, portanto, discutido por Plotino de uma forma logicamente coerente, que ainda não podia ter em Numénio; e tal, apesar de Numénio poderem advir a Plotino não só expressões verbais, mas a própria ideia da solidão absoluta e suprema do princípio, do carácter instantâneo da captação que dele fazemos, da absoluta tranquilidade de um acto extático, que se distingue da forma mais rigorosa da «mania divina» do profeta e do poeta([23]).

Procurou-se nos *Upanixadas* uma explicação para o êxtase plotiniano, como acto de tranquilo aniquilamento de si mes-

---

([22]) Afasto-me da tradução de Des Places *(Numénius, ad loc.)*, seguindo a que Bréhier apresenta do passo plotiniano, e que me parece mais adequada também para Numénio.

([23]) O precedente do «sagrado entusiasmo» do profeta ou o seu paralelo pode ser visto, no pensamento grego, no entusiasmo poético, teoria recolhida por Platão sobretudo no *Ion*, (a «mania divina»). Cf. amplamente sobre este tema Dodds, *The Greeks and the Irrational*, cap. III, *passim*.

O HOMEM

mo([24]); fizeram-se valer contra-razões muito sensatas: antes de mais, Plotino surge totalmente imerso na história do pensamento grego, que não deixa de comentar e para o qual tudo remete; grego e platónico é o seu programa racionalista de reconstrução religiosa, em polémica com formas de misticismo de diversas proveniências. É um facto que Plotino mostrou interesse pela Índia e pela Pérsia, embora seja duvidoso que o facto de acompanhar Gordiano III na expedição tenha sido motivado exclusivamente pelo desejo de conhecer a filosofia indiana([25]); no decurso desta expedição, não se terá, decerto, aproximado dos brâmanes, e é arguta a observação feita por um estudioso de que, com base em toda a atitude de Plotino, deveríamos ter esperado dele, neste caso, que – em coerência com uma longa tradição grega bem consolidada – os assimilasse aos pitagóricos([26]). Mas isto não quer dizer que, neste coerente programa helénico, não possam ter-se insinuado temas incompatíveis com a intenção do próprio defensor. Assim, o que tem mais valor é o exame intrínseco do texto plotiniano, que nos leva de novo a excluir a absoluta estranheza da teoria do êxtase – um êxtase assim concebido – à filosofia do mundo clássico. Novidade e originalidade, aprofundamento e descoberta de um novo sentido do divino e, por conseguinte, a proposta de uma nova e diferente abordagem do humano ao divino, não significam estranheza à metafísica grega, mas desenvolvimento coerente de temas nela implícitos.

([24]) Bréhier, *La Philosophie de Plotin*, pág. 107 e ss., retomava em 1922--23 (a obra, recolha de lições leccionadas naqueles anos, foi publicada em 1928) o tema da diferença radical de Plotino neste ponto com o pensamento grego e da sua proximidade da mística dos *Upanixadas*. O que distinguiria particularmente Plotino das outras formas de mística correntes nos seus tempos, seria a ausência da figura de um mediador entre a humanidade e a divindade: observação justa, mas que não autoriza a procurar fora do pensamento grego a inspiração plotiniana. Cf. A. H. Armstrong, *Plotinus and India*, «Class. Quart.», XXX (1936), pág. 22-9.

([25]) A propósito, Harder. *Z. Biogr. Plotins*, pág. 279-80.

([26]) Armstrong, *Plotinus and India*, pág. 24.

INTRODUÇÃO A PLOTINO

O êxtase plotiniano é a visão intelectual de Platão revivida com o espírito do homem e do filósofo da época imperial tardia, em que o sentido do divino se agudizou, a religiosidade se impregnou de um novo misticismo, a concepção do infinito e do transcendente assumiu uma dimensão fortemente dilatada. A teoria do êxtase está para a iluminação platónica (a *éklampsis* da *Epistola VII*) como a teoria das três hipóstases está para a das três hipóteses do *Parménides*; Plotino e Porfírio não erram quando, a este propósito, se reclamam de Platão. O acto de intuição supremo da mente deve captar aquilo que está acima do pensamento; mas, como vimos, tem uma forma imediata e primitiva de «consciência de si»[27]; e deve apreendê-lo com um acto análogo: um acto que se eleve acima do pensamento, exacto, absolutamente imediato. O Uno não é forma e, por conseguinte, não tem nome nem definição: mas então também o acto da mente que o capta deve ser não-palavra, não-nome, não-*lógos*, acima do *lógos*, acto de silêncio atónito, de contemplação arrebatada, de pausa total do pensamento e do ser – e no entanto, um acto expresso pela consciência humana na sua autonomia, em busca da realização do eu mais profundo.

Nunca se insistirá o suficiente sobre o carácter «racionalista», não obstante a sua intensa religiosidade, deste «misticismo». O verdadeiro misticismo do século III, aquele que vive em redor de Plotino e contra o qual ele e os seus discípulos travam uma acesa batalha, é o que requer a mediação arcana de um salvador para alcançar o divino ou que predica formas de sabedoria arcana, inacessível, oculta, só cognoscível através de uma «revelação», muitas vezes ligada a um ritual para os adeptos. Mas Plotino não procura mediadores entre o divino e o humano, nem se confia a revelações extra-racionais ou a forças irracionais e emotivas. A apreensão do fim, a intuição do inefável,

---

[27] Cf. acima, cap. IV, n. 18. Muito se escreveu acerca do êxtase plotiniano; sobre as influências, através da Idade Média, na muito diferente mística cristã cf. por ex., M. de Gandillac, *La sagesse de Plotin*, Paris 1952, pág. xv-xvii; Henry, Intr. a MacKenana, *Enneads*, pág. liv e ss. Da interpretação de Gandillac, gostaria de sublinhar a confirmação da unidade da doutrina do êxtase com toda a filosofia de Plotino, *ibid.*, pág. xx.

O Homem

consegue-se mediante um exercício de ascese racional e mediante as forças do próprio intelecto: é isto que conduz até ao limiar da intuição suprema, que o supera de um salto, e é a única via para lá chegar. Depois de Plotino, é verdade que o neoplatonismo vai conhecer perturbações teúrgicas; para Plotino, porém, a magia ou teurgia pode aceitar-se talvez em alguns casos como prática ritual, e não contamina de maneira alguma a pureza da visão filosófica. Também ele procura a «salvação da alma»: mas a sua via para a salvação da alma é universal. Ao rito redentor e purificador de outras confissões, à teoria – cristã ou não – da mediação redentora, contrapõe (e, nisto, Porfírio seguirá o seu exemplo, embora acentuando certas concessões parciais ao misticismo mágico) as razões de um universo metafísico governado por uma lei racional absoluta, em que o ser humano deve tirar da própria essência transcendente da sua alma, do seu verdadeiro eu, a força para alcançar o contacto imediato com o divino – superando de um salto o próprio intelecto.

Cronologia da vida de Plotino

205 d. C.
Nascimento de Plotino, provavelmente em Licópolis (Egipto), numa família de elevada posição social.

232
Chega a Alexandria, para estudar filosofia. Encontra-se com Amónio Sacas, de quem se torna discípulo. Permanece na sua escola durante onze anos.

243
Parte para o Oriente, numa expedição militar à Pérsia, integrado na comitiva do imperador Gordiano III, com o objectivo de tomar contacto com a filosofia persa e indiana.

244
Após a morte de Gordiano III, foge para Antioquia e regressa são e salvo a Roma, onde abre uma escola de filosofia.

244-253
No primeiro período de actividade da escola, Plotino nada escreve, fiel ao compromisso assumido na escola com os condiscípulos Orígenes e Herénio.

253

Início da actividade escrita de Plotino, depois de Orígenes ter quebrado o acordo de abstenção de escritos.

253-263

Primeira década da actividade escrita de Plotino. Desenvolvimento da sua escola em Roma, a que pertencem até personagens da classe senatorial. Protecção e amizade do imperador Galieno e da imperatriz Salonina.

263

Chegada de Porfírio a Roma.

263-268

Residência de Porfírio em Roma; Porfírio torna-se o revisor dos tratados que Plotino vai escrevendo. Período da grande polémica antignóstica.

268

Crise pessoal de Porfírio: Plotino aconselha-o a afastar-se da escola. Porfírio muda-se para a Sicília.

268-270

Últimos anos da vida e actividade de Plotino. Crise na escola; perda do favor imperial após a morte de Galieno e advento do sucessor Cláudio. Agravamento da doença de Plotino e seu retiro na Campânia, junto do discípulo e médico Eustáquio.

269

Morte de Plotino.

Tabela cronológica dos escritos

Como foi amplamente dito (cap. III), na *Vida de Plotino*, escrita por Porfírio, temos a indicação exacta da ordem cronológica dos escritos do filósofo; em contrapartida, é completamente diferente a ordem seguida por Porfírio na redacção das *Enéades*. Damos a seguir a tabela indicando a correspondência entre as duas séries, observando a tripartição cronológica fixada pelo próprio Porfírio (escritos redigidos antes da chegada de Porfírio à escola de Plotino, em Roma; escritos redigidos durante o período de permanência de Porfírio na escola; escritos dos últimos anos, enviados por Plotino a Porfírio, a residir na Sicília).

Primeiro grupo (253-263)

1 = I, 6	8 = IV, 9	15 = III, 4
2 = IV, 7	9 = VI, 9	16 = I, 9
3 = III, 1	10 = V, 1	17 = II, 6
4 = IV, 2	11 = V, 2	18 = V, 7
5 = V, 9	12 = II, 4	19 = I, 2
6 = IV, 8	13 = III, 9	20 = I, 3
7 = V, 4	14 = II, 2	21 = IV, 1

Segundo grupo (263-268)

22 = VI, 4	30 = III, 8	38 = VI, 7
23 = VI, 5	31 = V, 8	39 = VI, 8

INTRODUÇÃO A PLOTINO

24 = V, 6	32 = V, 5	40 = II, 1
25 = II, 5	33 = II, 9	41 = IV, 6
26 = III, 6	34 = VI, 6	42 = VI, 1
27 = IV, 3	35 = II, 8	43 = VI, 2
28 = IV, 4	36 = I, 5	44 = VI, 3
29 = IV, 5	37 = II, 7	45 = III, 7

Terceiro grupo (268-270)

46 = I, 4	49 = V, 3	52 = II, 3
47 = III, 2	50 = III, 5	53 = I, 1
48 = III, 3	51 = I, 8	54 = I, 7

História da Crítica

Durante muito tempo, a influência de Plotino só indirectamente se exerceu na filosofia ocidental; Agostinho e Macróbio parecem ter sido os últimos autores latinos a conhecer directamente Plotino, e o seu conhecimento do original não é de todo seguro; provavelmente, foram importantes para eles os trâmites, quer da obra de Porfírio, quer do douto tradutor Mário Vitorino. Foram, pois, Agostinho e Macróbio que transmitiram as *Enéades* à Idade Média latina. Por conseguinte, é obrigatório iniciar a história da crítica moderna de Plotino pelo nome de Marsílio Ficino. Cosme de Médicis possuía, talvez a partir de 1441, um códice de Plotino (mais tarde designado por cód. A), provavelmente adquirido por Nicolau Niccoli em ambiente bizantino. A partir de 1460, Marsílio Ficino parece ter trabalhado na tradução da obra; a tradução surgiu nos anos 1484-1486, o comentário em 1492. Tratou-se de um acto de restituição de Plotino à cultura do Ocidente latino, a sua reentrada viva e directa no circuito das ideias. A tradução latina conheceu uma reimpressão em Basileia, em 1559; também em Basileia, foi finalmente publicada em 1580 a *editio princeps*, baseada em vários manuscritos (já que a posse dos códices plotinianos provenientes do destruído império bizantino se tinha notavelmente enriquecido no decurso do século XVI), mas não decerto nos melhores, por obra de Pedro Perna.

Não obstante o interesse pela filosofia de Plotino, manifestado por alguns pensadores e eruditos mais ilustres do século XVII e tam-

INTRODUÇÃO A PLOTINO

bém do século XVIII (Grócio, Cudworth, Berkeley; de Grócio possuímos, nas *Philosophorum Sententiae de fato* – obra póstuma, de 1648 – uma tradução latina das *Enéades*, III, 1), o verdadeiro renascimento do interesse por Plotino data da época romântica. A historiografia filosófica do século XVIII tem tendência a desvalorizá-lo. Mais tarde, nas suas *Lições sobre a História da Filosofia*, Hegel acusa Brucker de ter inventado a história da «seita ecléctica» fundada por Potamon de Alexandria, em que Plotino estaria incluído; na realidade, se J. Bruckner, na sua *Historia Critica Philosophiae a mundi incunabulis ad nostram usque aetatem deducta* [História crítica da Filosofia desde a origem do mundo até aos nossos dias] (Leipzig, 1742-44), intitula *De Secta eclettica* o capítulo onde trata do neoplatonismo e de Plotino, apenas herda um esquema já elaborado na historiografia filosófica entre os finais de Quinhentos e os inícios de Setecentos. A seita ecléctica ou «potamónica» (curiosamente assim designada com base numa informação de Diógenes Laércio, *Vitae Philosophorum*, Proem. 21, relativa a um obscuro filósofo, Pótamon de Alexandria, fundador de uma escola denominada exactamente «ecléctica», que nada tem a ver com o platonismo alexandrino), é acusada de escassa originalidade filosófica e de combinação artificiosa de temas díspares, além de extravagâncias místicas e contaminações com doutrinas orientais. A primeira nova apresentação científica de Plotino tem data de fins do século XVIII, e pode encontrar-se em *Geist der spekulativen Philosophie*, de D. Tiedemann (1791). Poucos anos depois, W. G. Tennemann, na sua *Geschichte der Philosophie* (1807) procederá a uma abordagem de um ponto de vista rigorosamente kantiano.

De qualquer maneira, é nos anos do Romantismo que se assiste a um renascimento efectivo de Plotino: Schelling, Novalis, Friedrich Schlegel voltam a entusiasmar-se com o platonismo tardio, retomando temáticas interrompidas pelo Renascimento ou relativamente isoladas nos séculos que se lhe seguiram. Começam a aparecer traduções parciais de Plotino em línguas modernas, inglês e alemão, até que F. Creuzer, em 1835 (em Oxford, juntamente com G. E. Moser), apresenta a primeira edição moderna das *Enéades*. O renascimento de Plotino entrelaça-se com o renascimento de Espinosa, que se verifica também nestes anos: Plotino e Espinosa são comparados por Friedrich Schlegel nas suas *Lições*, de 1804. Hegel dedica a Plotino um capítulo das suas *Lições*, na *História da Filosofia*, publicadas postumamente em 1833 (*Hegels Werke*, Jubilaeumausgabe XIX; a sua posição, porém, difere notavelmente da dos românticos. Hegel critica a Plotino (o «obscuro Plotino») a indeterminação conceptual, o uso excessivo das imagens; defende que na sistematização de Proclo se deve ver a autêntica expressão e a actuação mais amadurecida da filosofia neoplatónica. O seu juízo sobre Plotino e sobre o neoplatonismo é, no entanto, importante, na medida em que põe decididamente um termo à interpretação em sentido ecléctico--combinatório e místico-orientalizante, até então largamente arreigada na historiografia mais corrente. Também a este propósito, Hegel recolhe e sanciona com o selo da sua autoridade momentos e intuições da época romântica, embora traduzindo-os em diferente linguagem e procedendo à sua revisão crítica.

No século XIX, tem início a fase da historiografia filosófica e da filologia classicista relativa a Plotino, que continua nos nossos dias. Desde a primeira edição de *Philosophie der Griechen in ihrer geschichtlichen Entiwicklung* (1844-1852), obra destinada depois a um amplo desenvolvimento, Zeller recusa a interpretação tradicional em sentido ecléctico, embora determinados limites desta continuem a pesar sobre a sua interpretação filosófica de Plotino; recusa sobretudo a interpretação orientalizante e em chave-mística extragrega; a sua influência será importante na história da filosofia subsequente, e não apenas na Alemanha (cf. sobre a reivindicação do carácter helénico da filosofia de Plotino T. Whittaker, *The Neoplatonists, Cambridge* 1901). Todavia, a questão não pode dizer-se encerrada: um arguto e experiente intérprete da filosofia plotiniana, E. Bréhier, nas suas lições de 1922-23, que depois formaram o volume *La Philosophie de Plotin*, em 1928, voltará a propor o problema da influência da filosofia indiana sobre Plotino (em particular no que se refere à sua doutrina do êxtase); tese que não deixará de conferir actualidade ao debate acerca da estranheza de Plotino à tradição filosófica grega.

No tocante aos estudos filológicos relativos a Plotino desde o século passado até aos nossos dias, o P.ᵉ Vincenzo Cilento ofereceu-nos uma límpida exposição desta questão numa obra de 1965, mais tarde reimpressa nos *Saggi su Plotino* [Ensaios sobre Plotino], em 1973. Várias edições se sucederam no século passado: profundamente

INTRODUÇÃO A PLOTINO

inovadora, comparativamente à edição já referida de Creuzer-Moser, a edição de A. Kirkhoff, de 1856, que apresentava os escritos por ordem cronológica, e não pela ordem tradicional, mas cometeu o erro de presumir excessivamente sobre o texto, introduzindo-lhe uma série de improváveis aticismos. Estas suposições acabaram por ser aceites pelos editores seguintes, F. H. Müller (1878-1880), R. Volkmann (1883-1884) e, por fim, também por E. Bréhier na sua edição da Collection Budé das Belles Lettres, em 1928. Surgiram, aliás, a propósito, entre finais dos anos trinta e início dos anos quarenta, dois importantes estudos de P. Henry, *Études Plotiniennes, I, Les états du texte* de Plotin; *II, Les manuscrits des Ennéades* (1938-1941), preparatórios à fundamental edição do texto de Plotino, sob a orientação de P. Henry e H. R. Schwyzer, *Plotini Opera*, Paris-Bruxelas 1951-1973 (*editio maior*): nesta edição, o arquétipo foi construído de forma extremamente rigorosa e com uma tendência marcadamente conservadora no que diz respeito às edições oitocentistas. Os mesmos autores, na *editio minor* da obra (Oxford 1964-82) modificaram o seu pensamento a propósito de diversas variantes; possuímos uma avaliação crítica destas autocorrecções na já citada obra de Cilento, que contém, por sua vez, interessantes propostas; e, de resto, a tradução italiana de Plotino, do mesmo Cilento (Bari, 1947-48, 1973[2]), além de nos oferecer um apêndice filológico, tem por vezes, devido ao interesse das suas opções, a importância de uma autêntica edição.

A história dos estudos plotinianos conheceu os mesmos problemas que se puseram a outros grandes pensadores antigos, a começar por Platão e Aristóteles; conheceu-os, aliás, com um certo atraso, porque o preconceito muito antigo sobre o neoplatonismo em geral contribuiu para que as atenções da crítica só ulteriormente se voltassem para a filosofia de Plotino. Antes de determinados esquemas críticos se aplicarem à obra de Plotino – os da composição estratificada ou da inautenticidade parcial, os do desenvolvimento ou progresso interno das teorias – a crítica empenhou-se, acima de tudo, em esclarecer a si própria o carácter da filosofia plotiniana e neoplatónica; é por isso que não encontramos vestígios de investigação pontual sobre Plotino no sentido acima referido, antes dos finais do primeiro quartel do século XX, enquanto a crítica entre o termo do século XIX e os inícios do século XX surge especialmente empenhada em responder a determinadas questões filosóficas genéricas: assim, enquanto Zeller, apesar da superação da interpretação em pura chave ecléctica, ainda na 4.ª edição de *Philosophie der Griechen* III, 2 (1902) concede uma parte tão vasta ao vitalismo estóico, na formação do neoplatonismo, que é levado a encará-lo como uma espécie de «panteísmo dinâmico», outros intérpretes mostram-se empenhados na descoberta da filosofia plotiniana como a forma mais perfeita de metafísica transcendente, legada pelo mundo antigo: assim E. v. Hartmann, *Geschichte der Metaphysik*, em *Ausgewälte Werke* XI, Leipzig 1899. A tentação espiritualista é forte: a tendência, desviante, para encontrar afinidades entre a metafísica de Plotino e a metafísica cristã já é viva na obra de A. Richter (*Neuplatonische Studien. Ueber Leben und Geistentwicklung des Plotin*, Halle 1864-67) e continuará sobretudo em França no início do século, até chegar a uma interpretação em termos mais religiosos do que filosóficos (cf. por ex., R. Arnou, *Le désir de Dieu dans la philosophie de Plotin*, Paris (1921). A figura de Plotino, mais do que a filosofia de Plotino, está também no centro da interpretação de M. Wundt, *Plotin. Studien zur Geschichte des Neuplatonismus*, Leipzig 1919: Plotino mestre de vida religiosa, de ética, de vida prática. É nos anos imediatamente posteriores à Primeira Guerra Mundial que encontramos, aplicados de modo sistemático e pela primeira vez a Plotino, esquemas de interpretação pontual. Assim, nas monografias de D. Inge, *The Philosophy of Plotinus,* Londres 1918, e F. Heinemann, Plotin, Leipzig 1921, bem como nos artigos de F. Thedinga sobre «Hermes», 1917-1919-1922, põe-se em foco o problema da autenticidade e da composição das *Enéades*, com rejeição de passos considerados interpolados ou apócrifos, com dúvidas sobre a cronologia que nos foi transmitida por Porfírio; os resultados são, por vezes, destrutivos, as hipóteses fortemente conjecturais; esta hipercrítica será redimensionada sucessivamente por Bréhier, Armstrong, Schwyzer.

Os dados seguros que possuímos sobre a vida de Plotino não permitem muitas hipóteses acerca das sucessivas fases do desenvolvimento do seu pensamento: os primeiros escritos plotinianos, que Porfírio nos indica como tendo sido os primeiros, foram redigidos depois dos cinquenta anos, na sua plena maturidade. Os critérios historicistas do seu desenvolvimento interior encontraram, todavia, um ponto de apoio também numa obra que se configura unitariamente sob o aspecto cronológico: assim, F. Heinemann julgou poder indivi-

INTRODUÇÃO A PLOTINO

dualizar uma fase «platónica», precedendo outra mais propriamente neoplatónica, na concepção plotiniana do Uno-Bem; O. Becker pensou poder ver na concepção do Uno uma progressão de Plotino para a concepção da autoconsciência; Puech e Rist questionaram uma possível transformação interna da teoria plotiniana da matéria. Mas a importância da avaliação histórica da filosofia de Plotino não está tanto nestas conjecturas quanto na atenção cada vez maior que a crítica, de modo sensível, deu à sua formação: é esta a nova e moderna forma de pesquisa crítica na qual se recupera o núcleo de verdade oculto na tradicional fórmula de «seita ecléctica». O estudo rigoroso de Plotino exige, antes de mais, a reconstituição da tradição platónica antecedente e a situação exacta do filósofo no seu âmbito. Desta maneira, o facto mais importante na história recente destes estudos consiste na formação de uma tendência para o reconhecimento do «platonismo médio» como preparação para o novo platonismo de Plotino e dos seus sucessores. Com base no título feliz da obra de Theiler, que colocou em termos críticos esta questão, *Die Vorbereitung des Neuplatonismus* (Berlim 1930), fala-se hoje de «preparação», utilizando este termo como termo técnico.

Se desejarmos ter uma ideia dos debates que se seguiram à obra de Theiler, poderemos recorrer utilmente a uma série de monografias e colectâneas; referiremos aqui apenas as mais importantes: P. Merlan, *From Platonism to Neoplatonism*, Haia 1953, 1960[2]; Id., *From Plato to Plotinus*, in *The Cambridge History of Later Greek and Early Medieval Philosophy*, Cambridge 1967; W. Theiler, *Forschungen zum Neuplatonismus*, Berlim 1966 (selecção de escritos); H. Dörrie, *Platonica minora* (Munique 1976, também uma selecção de escritos de diversas datas); para não falar dos dois preciosos volumes dos «Entretiens de la Fondation Hardt», dedicados respectivamente a *Recherches sur la tradition platonicienne* («Entr.» III, Vandoeuvres- -Genebra, 1955) e a *Les Sources de Plotin* («Entr.» V, ibid., 1960). A obra de H. J. Krämer, *Der Ursprung der Geistmetaphysik*, Amsterdão 1964, 1968[2], representa uma tendência extrema, a de antecipar para a Academia antiga, e em particular para a filosofia de Xenócrates, todas as principais temáticas do platonismo médio; embora alguns momentos e aspectos desta tese se tivessem já manifestado precedentemente no decurso da história da crítica, Krämer é decerto o estudioso que nos ofereceu a apresentação mais sistemática. Não

HISTÓRIA DA CRÍTICA

devem esquecer-se, ainda que aqui não se lhes possa dedicar uma abordagem particular, os estudos relativos a determinados momentos controversos deste desenvolvimento: por exemplo, os estudos relativos a Possidónio, cujo papel no seu decurso aparece hoje mais incerto do que surgia ainda há algumas décadas, após os estudos de K. Reinhardt, *Poseidonios*, Munique 1926 (cf. ainda o capítulo dedicado a esta questão por W. Theiler, *Vorbereitung d. Neuplat.*), embora deva moderar-se a demolição demasiado radical daquelas teses operada por M. Laffranque, *Poseidonios d'Apamée*, Paris 1964.

Através de todos os escritos citados (óptima ideia de conjunto sobre esta questão pode obter-se em J. Dillon, *The Middle Platonists*, Londres 1977, que, por sua conta, tende a devolver a justa importância ao platonismo alexandrino do século I; ou em P. L. Donini, *Le scuole l'anima l'impero: la filosofia antica da Antioco a Plotino*, Turim 1982) esboça-se a formação histórica do neoplatonismo em toda a sua complexidade de contributos, revelando as suas raízes quer no platonismo médio, durante muito tempo confundido na história da crítica com o neopitagorismo, quer no próprio neopitagorismo, continuador de algumas importantes temáticas platónicas. É oportuno escorar-se solidamente na história desta fase do pensamento, contra a tentação – que jamais cessa de se apresentar na história da crítica plotiniana – de estabelecer paralelos desviantes entre a metafísica de Plotino e outros aspectos do pensamento metafísico e espiritualista, sobretudo cristão, na realidade estranhos a ele. E isto não apenas em obediência ao correcto princípio metodológico segundo o qual experiências posteriores e derivadas não são um bom critério de juízo para a avaliação de experiências antecedentes (se o pensamento cristão abraçou, mais tarde, temáticas ou aspectos do neoplatonismo, tal facto não autoriza a fazer dele um termo de confronto válido); mas também e acima de tudo em obediência a uma avaliação histórico-cultural em termos rigorosos. O transcendentismo plotiniano é de todo diferente do transcendentismo cristão, à margem do qual se esboça uma experiência religiosa não só totalmente estranha a Plotino, mas avessa aos princípios da sua filosofia. Plotino é filho de uma longa e complexa tradição do pensamento grego, com o qual nunca cessa de se medir e à qual é correctamente reconduzido.

Bibliografia

I. EDIÇÕES CRÍTICAS

Plotin, *Ennéades*, (org.) E. Bréhier, Paris (Col. Budé), 1924-1938 (1954-1963[2]).

Plotino, *Le Enneadi* (introdução, texto crítico, tradução e notas de G. Faggin), Milão 1947-48 ([*]).

P. Henry, H. R. Schwyzer, *Plotini Opera*, Paris-Bruxelas, I, 1951 (*Enn.* I-III); II, 1959 (IV-V); III, 1973 (VI) (*editio maior*).

P. Henry, H. R. Schwyzer, *Plotini Opera*, Oxford, I, 1964 (*Enn.* I-III); II, 1977 (IV-V); III, 1982 (VI) (*editio minor*).

Plotinus, *The Enneads*, ed. trad. por A. H. Armstrong, Cambridge Mass.--London (Loeb Class. Library), 1966-67 ([**]).

II. TRADUÇÕES

Plotinus, *The Enneads*, ed. trad. por S. Mackenna, Londres 1926; edição revista por B. S. Page, prefácio por E. R. Dodds, Intr. por P. Henry, Londres 1956, 1969 ([***]).

R. Harder, *Plotins Schriften*, Leipzig 1930-37; Neubearbeitung v. R. Beutler u. W. Theiler, Hamburgo 1956-71 (*Vita Plotini*, ed. Marg; *Indices* mit

---

([*]) Incompleta: termina no fim da III *Enneade*.

([**]) Por ora, também incompleta (*Enneadi*, I-III; baseia-se essencialmente na edição de Henry-Schwyzer.

([***]) A parte le traduzioni contenute in alcune delle edizioni sopracitate: quella francese dell'ed. Bréhier, quella italiana dell'ed. Faggin, e inglese dell'ed. Armstrong; per non dire delle traduzioni degli scritti antignostici.

INTRODUÇÃO A PLOTINO

einem Uerbeblick über Plotins Philosophie und Lehrweise, unter Mitwirkung v. G. O'Daly)(*).

Plotino, *Enneadi*. Primeira versão integral e comentário crítico de V. Cilento, Bari 1947-49, 1973[2].

Edições e traduções parciais:

Porfirio, *Vita di Plotíno e ordine dei suoi scritti*, (org.) G. Pugliese Carratelli, trad. V. Cilento, Napoli 1946.

Porphyre, *La vie de Plotin*. I. Travaux préliminaires et index grec complet, par L. Brisson, M. O. Goulet-Cazé, R. Goulet D. O'Brien; préf. J. Pépin, Paris 1982.

R. Harder, *Plotins Schrift gegen die Gnostiker* (*Uebersetzung und Nachwort*), «Die Antike», V (1929), pp. 53-84 (*Nachwort* poi in *Kleine Schriften*, (org.) W. Marg, Munique 1960, pp. 296-302).

V. Cilento, *Paideia antignostica. Ricostruzione di un unico scritto da Enneadi III 8, V 8, V 5, II 9*, Florença 1971.

Plotin, *Traité sur les nombres* (*Enn. VI, 6* [*34*]). Intr., texto grec., trad., comm., ind. grec par J. Bertier, L. Brisson, A. Charles, J. Pépin, H. D. Saffrey, A. Ph. Segonds, Paris 1980.

III. ANTOLOGIAS

The Essence of Plotinus: Extracts from the Six Enneads and Porphyry Life of Plotinus, based on the transl. MacKenna, by G. H. Turnbull, Nova Iorque-Oxford 1934.

The Philosopby of Plotinus. Representative Books of the Enneads, sel. trasl. by J. Katz, Nova Yorque 1950.

Plotinus. A volume of selections in a new English Translation, by A. H. Armstrong, Londres 1953.

V. Cilento, *Antologia plotiniana*, Bari 1955.

R. Harder, *Auswahl aus Plotins Schriften*, Hamburgo-Frankfurt a. M. 1958; überarb. v. W. Theiler – R. Beutler, Estugarda 1973.

IV. LÉXICOS

J. H. Sleeman – G. Pollet, *Lexikon Plotinianum*, Leiden 1980.

Para a chamada «Teologia di Aristotele»:

Henry-Schwyzer, *Plotini Opera, editio maior*, II: Plotiniana arabica, ad codicum fidem anglice vertit G. Lewis.

(*) Contém os textos pela ordem cronológica indicada por Porfírio em *Vita Plotini*, e não na ordenação porfiriana tradicional.

184

BIBLIOGRAFIA

V. ESTUDOS SOBRE O CONJUNTO DA OBRA DE PLOTINO
(incluindo os que apresentam obras sobre o neoplatonismo)

T. Whittaker, *The Neoplatonists*, Cambridge 1901 (1918[2]).

A. Drews, *Plotin und der Untergang der antiken Weltanschauung*, Jena 1907.

D. Inge, *The Philosophie of Plotinus*, Londres 1918 (1929[3]).

M. Wundt, *Plotin. Studien zur Geschichte des Neuplatonismus*, Leipzig 1919.

F. Heinemann, *Plotin, Forschungen über die plotinische Frage. Plotins Entwicklung und sein Sistem*, Leipzig 1921.

G. Fagein, *Plotino*, Milão 1927.

E. Morselli, *Plotino*, Milão 1927.

E. Bréhier, *La philosophie de Plotin*, Paris 1928 (tr. it., Milão 1976).

C. Carbonara, *La filosofia di Plotino*, Roma 1938-39 (Nápoles 1964[2]).

A. H. Armstrong, *The Architecture of the intelligible Universe in the Philosophy of Plotinus*, Cambridge 1940 (rist. Amsterdam 1967).

W. Theiler, *Plotin und die antike Philosophie*, «Museum Helveticum», I (1944), pp. 209-25 (= Forschungen zum Neuplatonismus, Berlin 1966, pp. 140-59).

L. Pelloux, *Plotino*, Brescia 1945.

P.J. Jensen, *Plotin*, Kobenhaun 1948.

J. Katz, *The Philosophy of Plotinus*, Nova Iorque 1950.

H. R. Schwyzer, *Plotinos*. Pauly-Wissowa-Kroll, *Real-Encyclopäedie der Altertumswissenschaft*, XXI, 1 (1951), col. 471-592.

M. de Gandillac, *La sagesse de Plotin*, Paris 1952.

P. V. Pistorius, *Plotinus and Neoplatonism. An introductory Study*, Cambridge 1952.

H. Dörrie, *Plotin Philosoph und Theologe*, in *Die Welt als Geschichte*, Estugarda 1963 (= *Platonica minora*, Munique 1976, pp. 361-74).

P. Hadot, *Plotin ou la simplicité du regard*, Paris 1963.

V. Verra, *Dialletica e filosofia in Plotino*, Trieste 1963.

A. H. Armstrong, *Plotinus*, in *The Cambridge History of Later Greek and Early Medieval Philosophy*, Cambridge 1967.

J. M. Rist, *Plotinus. The Road to Reality*, Cambridge 1967.

P. Prini, *Plotino e la genesi dell'umanesimo interiore*, Roma 1968 (1976[2]).

R. Baladi, *La pensée de Plotin*, Paris 1970.

J. Moreau, *Plotin ou la gloire de la philosophie antique*, Paris 1970.

R.T. Wallis, *Neoplatonism*, Londres 1972.

G. Reale, *Storia della filosofia antica*, Milão 1978, IV, pp. 471-616.

De especial interesse biográfico

R. Harder, *Plotins Leben, Wirkung und Lebre (Einleitung zu Plotin, Auswahl, = Kleine Schriften*, pp. 257-74).

H. P. L'Orange, *The Portrait ol Plotinus*, «Cahiers Archéol.», V (1951), pp. 15-30.

185

P. Henry, *La dernière parole de Plotin*, «Studi Ciassici e Orientali», II (1953), pp. 113-30.

P. Merlan, *Plotinus and Magic*, «Isis», XLIV (1953), pp. 341-8.

A. H. Armstrong, *Was Plotinus a Magician?*, «Phronesis» I (1955-6), pp. 73--9.

R. Harder, *Zur Biographie des Plotins*, in *Kleine Schriften*, pp. 275-95.

T. D. Barnes, *The Chronology of Plotinus'Life*, «Gr. Rom. Byzant. Studies», XVII (1976), pp. 65-70.

VI. ESTUDOS SOBRE ASPECTOS DA FILOSOFIA DE PLOTINO

T. Gollwitzer, *Plotins Lehre von der Willensfreiheit*, Kempten 1900 (Kaiserlautern 1902[2]).

H. Guyot, *La génération de l'Intelligence par l'Un chez Plotin*, «Revue Néoscholastique», XII (1905), pp. 55-59.

H. Guyot, *L'infinité divine depuis Philon le juif jusqu'à Plotin*, Paris 1906.

H. Guyot, *Les réminiscences de Philon le juif chez Plotin*, Paris 1906.

M. L. Testa, *La teoria della contemplazione e dell'estasi in Plotino*, Pavia 1906.

J. Cochez, *Plotin et les mystères d'Isis*, «Rev. Néoschol.», XVIII (1911), pp. 328-40.

B. A. G. Fuller, *The Problem of Evil in Plotinus*, Cambridge 1912.

E. Thiel, *Die Ekstasis als Erkenntnisform bei Plotin*, «Arch. Gesch. Philos.», XXVI (1913), pp. 48-55.

H. F. Müller, *Plotinische Studien I. Ist die Metapbysik des Plotins ein Emanationsystem?*, «Hermes», XLVIII (1913), pp. 408-25.

J. Cochez, *Les religions de l'empire dans la pbilosophie de Plotin*, in *Mélanges d'histoire offerts à Chr. Moeller*, Louvain-Paris 1914.

H.F. Müller, *Plotinos über Notwendigkeit und Freiheit*, «Neue Jahrbücher f. Klass. Altertum», XXIII (1914), pp. 462-88.

H. F. Müller, ΦΥΣΙΣ *bei Plotinos*, «Rheinisches Musem f. Philologie», LXXI (1916), pp. 232-45.

H. F. Müller, *Zu Plotins Metaphysik*, «Hermes», LI (1916), pp. 319-20.

H. F. Müller, *Plotinos über die Unsterblichkeit (Enn. IV 7)*, «Sokrates», VII (1919), pp. 177-87.

J. Souilhé, *La mystique de Plotin*, «Rev. d'Ascétique et de Mystique», III (1921), pp. 179-85.

R. Arnou, *Le désir de Dieu dans la philosopbie de Plotin*, Paris 1921, 1967[2].

R. Arnou, ΠΡΑΞΙΣ et ΘΕΩΡΙΑ. *Études de détail sur le vocabulaire et la pensée des Ennéades de Plotin*, Paris 1921.

O. Soehngen, *Das mystische Erlebnis in Plotins Weltanschauung*, Leipzig 1923.

C. Guzzo Capone, *La psicologia di Plotino*, Nápoles 1926.

BIBLIOGRAFIA

J. Wolf, *Der Gottesbegriff in Plotinos*, Bona-Leipzig 1927.

E. Morselli, *Plotino e la vita interiore*, «Rivista di Filosofia», XIX (1928) pp. 20-48.

E. R. Dodds, *The Parmenides of Plato and the origin of he neoplatonic One*, «Class. Quarterly», XXII (1928), pp. 129-42.

P. O. Kristeller, *Der Begriff der Seele in der Ethik Plotins*, Tübingen 1929.

G. Nebel, *Plotins Kategorien der intelligiblen Welt*, Tübingen 1929.

P. Henry, *Le problème de la liberté chez Plotin*, «Revue Néoscolastique de Philosophie», VIII (1931), pp. 50-79, 180-215, 318-39.

R. E. Witt, *The plotinian Logos and its stoic Basis*, «Class. Quart.», XXV (1931), pp. 103-11.

E. Morselli, ΠΡΑΤΤΕΙΝ, ΠΟΙΕΙΝ, ΘΕΟΡΕΙΝ, «Riv. Filos.», XXII (1931), pp. 132-42.

G. Capone Braga, *Il problema dei rapporto fra le anime individuali e l'anima divina dell'universo nella filosofia di Plotino*, «Riv. Filos.», XXIII (1932), pp. 106-25.

M. De Corte, *Technique et fondement de la purification plotinienne*, «Revue d'Histoire de la Philosophie», V (1931), pp. 42-74 (= *Aristote et Plotin*, Paris 1935, pp. 177-227).

M. De Corte, *La dialectique de Plotin et le rythme de la vie spirituelle*, «Rev. d. Philosophie», XXXII (1932), pp. 323-67 (= *Aristote et Plotin*, pp. 229-90).

E. Krakowsky, *Plotin et le paganisme religieux*, Paris 1933.

D. Peterson, *Herkunft und Bedeutung der* ΜΟΝΟΣ ΠΡΟΣ ΜΟΝΟΝ – *Formel bei Plotin*» «Philologus», LXXXVIII (1933), pp. 30-41.

A. H. Armstrong, *Plotinus and India*, «Class. Quart», XXX (1936), pp. 22-9.

R. Harder, *Eine neue Schrift Plotins*, «Hermes», LY-XL (1936), pp. 1-10 (= *Kleine Schriften*, pp. 303-13).

A.H. Armstrong, *'Emanation' in Plotinus*, «Mind», XLVI (1937), pp. 61-6.

C. Puech, *Position spirituelle et signification de Plotin*, «Builetin Ass. G. Budé», LXI (1938), pp. 13-46.

O. Becker, *Plotinus und das Problem der geistigen Aneignung*, Berlin 1940.

M. Burque, *Un problème plotinien: l'identification de l'âme avec l'Un dans la contemplation*, «Rev. University Ottawa», X (1940), pp. 141-76.

L. Pelloux, *L'assoluto nella dottrina di Plotino*, Milano 1941.

K. H. Volkmann-Schluck, *Plotin als Inteipret der Ontologie Platos*, Frankfurt a. M. 1942 (1957² 1966³).

G. H. Clark, Plotinus' Theory of empirical Responsability, «New Scholasticism», XVII (1943), pp. 16-31.

H.R. Schwyzer, *Die zwiefache Sicht in der Philosophie Plotins*, «Mus. Helveticum», 1 (1944), pp. 87-99.

V. Cilento, *Contemplazione*, «La Parola del Passato», 1 (1946), pp. 197-221 (= *Saggi su Plotino*, Milano 1973, pp. 5-23).

INTRODUÇÃO A PLOTINO

E. Bréhier, *Mysticisme et doctrine chez Plotin*, («Sophia», XVI (1948), pp. 182-6.

G. Sofinas, *La dottrina delle categorie nella filosofia di Plotino*, «Annali Università di Cagliari, Facoltà di Lettere e Filosofia», XVII (1950).

R. Arnou, *L'acte de L'intelligence en tant qu'elle nest pas intelligence. Quelques considérations sur la nature de l'intelligence selon Plotin*, in *Mélanges* J. Waréchal, Bruxelas-Paris 1950, 11, pp. 249-62.

Katz, *Plotinus' Search for the Good*, Nova Iorque 1950.

O. Lacombe, *Note sur Plotin et la pensée indienne*, «Annuaire École des Hautes Études, sect. sciences religieuses», Paris 1950.

J. Murray, *The Acent of Plotinus to God*, «Gregorianum», XXXII (1951), pp. 223-46.

H. A. Wolfson, *Albinus and Plotinus on Divine Atttibutes*, «Harvard Theological Review», XLV (1952), pp. 115-130.

G.A. Levi, *L'Uno e il Bene in Plotino*, «Humanitas», VIII (1953), pp. 25--1-65.

J. Trouillard, *La présence de Dieu selon Plotin*, «Revue de Métaphysique et de Morale», LIX (1954), pp. 38-45.

E. de Kvser, *La signification de l'art dans les Ennéades de Plotin*, Louvain 1955.

G. Huber, *Das Sein und das Absolute. Studien der ontologischen Problematik in der spätplatonischen Philosopbie*, Basileia 1955.

J. Trouillard, *La procession plotinienne*, Paris 1955.

J. Trouillard, *La purification plotinienne*, Paris 1955.

J. Pépin, *Plotin et les mythes*, «Revue philosophique de Louvain», LIII (1955), pp. 5-27 (= *Mythe et Allégorie*, Paris 1958, pp. 190-209).

R. Dodds, *Notes on Plotinus, Ennead III, 8*, «Studi Italiani Filologia Classica», XXVII-XXVIII (1956), pp. 108-1-3.

J .Moreau, *L'Un et les êtres selon Plotin*, «Giornale di Metafisica», XI (1956), pp. 204-24.

Moreau, *Plotin et l'intériorité spirituelle (à propos des thèses de M. J. Trouillard)*, «Les Études Philosophiques», XI (1956), pp. 473-8.

J. Pépin, *Éléments pour une histoire de la relalton entre I'Intelligence et l'intelligible chez Plotin et dans te Néoplatonisme*, «Revue de philosophie de la France et de l'étranger», CXLVI (1956), pp. 36-64.

C. Rutten, *Dialectique et procession chez Plotin*, Paris 1956.

J. Trouillard, *La médiation du verbe selon Plotin*, «Rev. de Philosophie France étr.», CXLVI (1956), pp. 65-73.

W. Eborowicz, *La contemplation selon Plotin*, «Giornale di Metafisica», XII (1957), pp. 472-518; XIII (1958), pp. 42-82.

A. N. M. Rich. *Réincarnation in Plotinus*, «Mnemosyne», IV, 10 (1957), pp. 232-8.

188

BIBLIOGRAFIA

C. Rutten, *Le genre et la différence selon Plotin*, in *Hommages à L. Graulich*, Lièges 1957, pp. 639-48.

XXI. Cariddi, *Il problema dell'esistenza umana nel pensiero di Plotino*, Bari 1958.

F. Solmsen, *Plotinus 6, 9, 7*, «Classical Philology», LIII (1958), p. 245.

J. Trouiliard, *Contemplation et unité selon Plotin*, in *De la connaissance de Dieu*, Bruges 1958, pp. 161-75.

W, Hirnmerisch, *Eudaimonia: die Lehre des Plotins von der Selbstwirklichung des Menschen*, Würzburg 1959.

E. R. Dodds, *Tradition and Personal Achievement in the Philosophy of Plotinus*, «Journal of Roman Studies», L (1960), pp. 1-7.

A.H. Armstrong, *The background of the Doctrine 'that the Intelligibles are not outside the Intellect'*, in *Les sources de Plotin*, «Entretiens sur l'antiquité classique», V (1957), Vandoeuvres-Genève 1960, pp. 391--413.

V. Cilento, *Mito e poesia nelle Enneadi di Plotino*, ivi, pp. 243-310 (= *Saggi su Plotino*, pp. 43-62).

E. R. Dodds, *Numenius and Ammonius*, ivi, pp. 1-32.

H Dörrie, *Die Frage nach dem Trascendenten im Mittelplatonismus*, ivi, pp. 191-223.

R. Harder, *Quelle oder Tradition?*, ivi, pp. 325-32. P. Henry, *Une comparaison chez Aristote, Alexandre et Plotin*, ivi, pp. 427-44.

P. Hadot, *Etre, vie, pensée chez Plotin et avant Plotin*, ivi, pp. 105-41.

H.C. Puech, *Plotin et les gnostiques*, ivi, pp. 159-74.

H. R. Schwyzer, *'Bewusst' und 'unbewusst' bei Plotin*, ivi, pp. 341-78.

W. Theiler, *Plotin zwischen Platon und Stoa*, ivi, pp. 63-86.

W. Beierwaltes, *Die Metaphysik des Lichtes in der Philosophie Plotins*, «Zeitschrift für philosophische Forschung», XV (1961), pp. 334-62.

J. M. Rist, *Plotinus on Matter and Evil*, «Phronesis», VI (1961), pp. 154-66.

C. Rutten, *Les catégories du monde sensible dans les Ennéades de Plotin*, Paris 1961.

J. Trouillard, *Valeur critique de la mystique plotinienne*, «Rev. Philos. Louvain», LIX (1961), pp. 431-44.

M. Rist, *The Indefinite Dyad and intelligible Matter in Plotinus*, «Class. Quart.», N.S. XII (1962), pp. 99-107.

G. Bruni, *Introduzione alla dottrina plotiniana della materia*, «Giorn. Crit. Filos. Ital.», XLII (1963), pp. 22-45.

V. Cilento, *La radice metafisica delta libertà nell'antignosi plotiniana*, «Par. Pass.», XVIII (1963), pp. 94-123 (= *Saggi su P.*, pp. 97-122).

A. N. M. *Rich, Body and Soul in the Philosophy of Plotinus*, «Journal History of Philosophy», 1 (1963), pp. 1-1 5.

J. M. Rist, *Forms of Individuals in Plotinus*, «Class. Quart.», N.S. XIII (1963), pp. 223-31.

INTRODUÇÃO A PLOTINO

H. R. Schwyzer, *Sieben ἅπαζ εἴϛημένα bei Plotin*, «Mus. Helvet.», XX (1963), pp. 186-95.

P. P. Matter, *Zum Einfluss des platonischen Timaeus auf das Denken Plotins*, Winterthur 1964.

P. Merian, *Aristotle Met. A 6, 987b 20-25 and Plotinus Enn.* V, 4, 2, 8-9, «Phron.», IX (1964), pp. 45-7.

P. Merlan, *Plotinus and the Jews*, «Journ. Hist. of Philosophy», II (1964), pp. 15-21.

M. Rist, *Eros and Psyche. Studies in Plato, Plotinus and Origen*, «Phoenix», Suppl. VI. Toronto 1964.

E. W. Warren, *Consciousness in Plotinus*, «Phron.», IX (1964), pp. 83-97. H. Dörrie, *Emanation. Ein unphilosophisches Wort im spätantikischen Denken* in *Parusia, Festgabe Hirschberger*, Frankfurt a. M. 1965, pp. 119-41 i(= *Platonica minora*, pp. 70-85).

R. Ferwerda, *La signification des images et des métaphores dans la pensée de Plotin*, Groningen 1965.

E. W. Warren, *Memory in Plotinus*, «Class. Quart.», N.S. XV (1965), pp. 252--60.

H. J. Blumenthal, *Did Plotinus believe in Ideas of Individuals?*, «Phron.», XI (1966), pp. 61-80.

H. R. Schlette, *Das Eine und das Andere. Studien zur Problematik des Negativen in der Metaphysik Plotins*, Munique 1966.

E. W. Warren, *Imagination in Plotinus*, «Class. Quart.», N.S. XVI (1966), pp. 277-85.

E. B. Costello, *Is Plotinus inconsistent on the Nature of Evil?*, «International Philosophical Quarterly», VII (1967), pp. 483-97.

J. N. Deck, *Nature, Contemplation and the One. A Study in the Philosopby of Plotinus*, Toronto 1967.

J. M. Rist, *Integration and the undescended Soul in Plotinus*, «Amer. Journ. Philology», LXXXVIII (1967), pp. 410-22.

B. Salmona, *La libertà in Plotino*, Milão 1967.

P. S. Mamo, *Forms of Individuals in lhe Enneads*, «Phron.», XIV (1969), pp. 77-96.

L. Tarán, *Plotinus and the ὑϛουϛάνιος τόπος of the Phaedrus*, «Classica et Medíaevalia», XXX (1969), pp. 258-62.

H. Buchner, *Plotinus' Möglichkeitslehre*, Munique-Salzburgo 1970.

H. Dörrie, *Der König. Ein platonisches Schlüsselwort, von Plotin mil neuem Sinn erfüllt*, «Rev. Intern. Philos.», XXIV (1970), pp. 217-35 (= *Platonica minora*, pp. 390-405).

J. Pépin, *Plotin et le miroir de Dionysos (Enn. IV, 3 [27], 12, 1-2)*, «Rev. Intern. Philos.», XXIV (1970), pp. 304-20.

J.M. Rist, *Ideas of lhe Individuals in Plotinus. A Reply to Dr. Blumenthal*, «Rev. Intern. Philos.», XXIV (1970), pp. 298-303.

BIBLIOGRAFIA

D. Roloff, *Plotin: die Grossschrift III 8, V 8, V 5,.II 9*, Berlim 1970. W. Theiler, *Das Unbestimmte, Unbegrenzte bei Plotin*, «Rev. Intern. Philos.», XXIV (1970), pp. 290-7.

J. Blumenthal, *Plotinus' Psychology. His Doctrine of the embodied Soul*, Haia 1971.

I. Igal, *La genesis de la Inteligencia en un pasaje de las Eneadas de Plotino (V.1.7. 4-35)*, «Emerita», XXXIX (1971), pp. 129-57.

A. Klessidou-Galanou, *L'extase plotinienne et la problématique de la personne humaine*, «Rev. Études Grecques», LXXXIV (1971), pp. 384-96.

A.H. Armstrong, *Eternity, Life and Movement in Plotinus account of* νοῦς, *in Colloques de Royaumont: le Néoplatonisme*, (1969), Paris 1971, pp. 67-74.

P. Aubenque, *Plotin et le dépassement de l'ontologie grecque classique*, ivi, pp. 101-8.

N. Baladi, *Origine et signification de l'audace chez Plotin*, ivi, pp, 89-97.

H. Blumenthal, *Soul, World-Soul and Individual Soul in Plotinus*, ivi, pp. 55-63.

V. Cilento, *Stile e sentimento tragico nella filosofia di Plotino*, ivi, pp. 37-43 (= *Saggi su P.*, pp. 255-9).

J. L. Fischer, *La signification philosophique de néoplatonisme*, ivi, pp. 147--50.

H. Jonas, *The Soul in gnosticism and Plotinus*, ivi, pp. 45-53.

D. O'Brien, *Plotinus on Evil*, ivi, pp. 113-46.

J. M. Rist, *The Problem of Otherness in tbe Enneads*, ivi, pp. 77-87.

P. M. Schuhl, *Plotin et la biologie* (ivi, rés., p. 111).

A. Graeser, *Plotinus and the Stoics. A preliminary Study*, Leiden 1972.

H. Seidl, *A proposito della via filosofica all'unità interiore secondo Plotino, Enn.* VI, 9, «Proteus», III, 8 (1972), pp. 3-9.

V. Cilento, *Saggi su Plotino*, Milão 1973.

A.H. Armstrong*, Elements in the Thought of Plotinus at variance with classical Intellectualism*, «Journ. Hellenic Studies», XCIII (1973), pp. 13-22.

A. López-Eire, *Plotino frente a sus fuentes*, «Boletin Instituto Estudios Helenicos» (Barcelona), VII (1973), pp. 65-77.

P. M. Schuhl, *Descente métaphysique et ascension de l'âme dans la philosophie de Plotin*, «Studi Intern. Filosofia» V (1973), pp. 71-84.

D. O'Meara, *À Propos d'un témoignage sur l'expérience mystique de Plotin (Enn. IV 8 [61 1, 1-11)*, «Mnemosyne», IV, 27 (1974), pp. 238-44.

G. Calogero, *Plotino, Parmenide e il 'Parmenide' Platone, in Plotino e il neoplatonismo in Oriente e in Occidente* (Atti convegno internazionale Accademia dei Lincei, Roma, Outubro 1970), Roma 1974, pp. 49-59.

H. J. Blumenthal, *Nous and Soul in Plotinus: some Problems of Demarcation*, ivi, pp. 203-19.

D. V. Dzohadze, *La dialettica in Plotino*, ivi, pp. 91-108.

A. H. Armstrong, *Tradition, Reason and Experience in the Thought of Plotinus*, ivi, pp. 171-94.

B. H. Dörrie, *Plotino, tradizionalista o innovatare?*, ivi, pp. 195-202 (em alemão, *Tradition und Erneuern in Plotins Philosophieren, Platonica minora*, pp. 375-89).

G. J. P. O'Daly, *The Presence of the One in Plotinus*, ivi, pp. 159-70.

G. Pugliese Carratelli, *Plotino e i problemi politici del suo tempo*, ivi, pp. 61-70.

J. Daniélou, *Plotin et Grégoire de Nysse sur le mal*, ivi, pp. 485-92.

J. Rist, *Plotinus and Augustine on Evil*, ivi, pp. 495-508.

A. H. Armstrong, *Beauty and the discovery of Divinity in the Thought of Plotinus*, in *Kephataion. Studies in Greek Philosophy and continuation offered to prof. C. J. De Vogel*, Assen 1975, pp. 155-63.

T. G. Sinnige, *Metaphysical and personal Religion in Plotinus*, ivi, pp. 147--54.

M. van Straaten, *On Plotinus IV, 7* (2), 8^3, ivi, pp. 164-170.

C. Elsas, *Neuplatoniscbe und gnostische Weltablehnung in der Schule Plotins*, Berlim-Nova Iorque 1975.

R. Mortley, *Negative Theology and Abstraction in Plotinus*, «Amer. Journ. Philol.», XCVI (1975), pp. 363-377.

D. J. O'Meara, *Structures hiérarchiques dans la pensée de Plotin*, Leiden 1975.

N. Petruzzellis, *Plotino e la problematica assiologica*, «Rassegna Storia Filosofia», XXVIII (1975), pp. 101-4.

P. Aubenque, *Plotin et la philosopbie de la temporalité*, «Diotirna», IV (Proceed. of the Philos. Meeting on Neoplatonism, Corfù 1975) (1976), pp. 78-86.

N. C. Bassacou-Caragouni, *Observation sur la descente des âmes dans le corps chez Plotin*, ivi, pp. 58-69.

E. Moutsopoulos, *Dynamic Structuralism in the Plotinian Theory of the Imaginary*, ivi, pp. 11-22.

P. M. Schuhl, *La descente de l'âme selon Plotin*, ivi, pp. 65-8.

C. L. Miller, *Union with the One: Enneads 6, 9, 8-11*, «The New Scholasticism», LI (1977), pp. 182-95.

J. M. Charrue, *Plotin lecteur de Platon*, Paris 1978.

M. Di Pasquale Barbanti, *Antropologia e mistica nella filosofia di Plotino*, Catania 1978.

J. Fielder, *Plotinus' Reply to lhe Arguments of Parmenides 130a-131d*, «Apeiron», XII (1978), pp. 1-5.

A. H. Armstrong, R. Ravindra, *The dimension of self. Buddhi in the Bagavad-Gita and psyche in Plotinus*, «Religious Studies», XV (1979), pp. 327-42.

R. Pépin, *Platonisme et antiplatonisme dans le traité de Plotin sur les nombres, VI, 6 (34)*, «Phron.», XXIV (1979), pp. 197-208.

BIBLIOGRAFIA

M. I. Santa Cruz de Prunes, *La génèse du monde sensible dans la philosophie de Plotin* (préf. Hadot), Paris 1979.

T. A. Szlezák, *Platon und Aristoteles in der Nuslehre Plotins*, Basel-Stuttgart 1979.

R. Ferverda, *L'incertitude dans la pensée de Plotin*, «Mnemos.», XXXIII (1980), pp. 119-27.

M. Di Pasquale Barbanti, *La metafora in Plotino*, Catania 1981.

M. Massagli, *L'Uno al di sopra dei Bello e della bellezza relle Enneadi di Plotino*, «Riv. Filos. Neoscolast.», LXXIII (1981), pp. 111-31.

T. Celzer, *Plotins Interesse an den Vorsokratikern*, «Mus. Helvet.», XXXIX (1982), pp. 101-31.

M. L. Gatti, *Plotino e la metafisica della contemplazione*, Milão 1982.

VII. ESTUDOS FILOLÓGICOS, QUESTÕES DE AUTENTICIDADE (*)

F. Thedinga, *Plotin oder Numenios? Eine Abhandlung*, «Hermes», LII (1917), pp. 592-612; LIV (1919), pp. 249-78; LVII (1922), pp. 189-218.

P. Henry, *Récherches sur la 'Préparation évangelique' d'Eusèbe et l'édition perdue des oeuvres de Plotin publiée par Eustochius*, Paris 1925.

P. Henry, *Études plotiniennes I: Les états du texte de Plotin*, Paris 1938.

P. Henry, *Études plotiniennes II: Les manuscrits des Ennéades*, Paris 1941.

H. R. Schwyzer, *Die älteste Plotin-Handschrift*, «Rh. Museum f. Philol.», XCIII (1950), pp. 154-8.

V. Cilento, *Storia del testo delle Enneadi*, «Riv. Filol. Istr. Class.», XCIII (1965), pp. 369-79 (= *Saggi su P.*, pp. 337-48).

H.R. Schwyzer, *Nachlese zur indirekten Ueberlieferung des Plotin-Textes*, «Mus. Helv.», XXVI (1969), pp. 252-70.

Sobre a 'Teologia de Aristóteles':

P. Henry, *Vers la reconstruction de l'enseignement oral de Plotin*, «Bull. Ass. G. Budé», LX (1937), pp. 310-342.

S. Pines, *Les textes arabes dits plotiniens et le courant 'porphyrien' dans le Néoplatonisme grec*, in *Colloques de Royaumont – Le Néoplatonisme*, Paris 1971, pp. 303-313.

P. Thillet, *Indices porphyriens dans la 'Théologie d'Aristote'*, ivi, pp. 293-302.

VIII. SOBRE A RECEPÇÃO DE PLOTINO

P. Henry, *Plotin et l'Occident. Firmicus Maternus, Marius Victorinus, Saint Augustin et Macrobe*, Louvain 1934.

(*) Excepto algumas abordagens, já citadas nas obras de conjunto (a Introdução de Bréhier, a monografia de F. Heinemann, etc.).

INTRODUÇÃO A PLOTINO

M. Schiavone, *Plotino nell'interpretazione dello Hegel*, «Riv. Filos. Neoscolast.», XLIV (1952), pp. 97-108.

A. H. Armstrong, *The Plotinian doctrine of Nous in patristic Theology*, «Vigiliae Christianae», VIII (1954), pp. 234-8.

R. M. Mossé-Bastide, *Bergson et Plotin*, Paris 1959.

C. Rutten, *La méthode philosophique chez Bergson et chez Plotin*, «Rev. Philos. Louvain», LVIII (1960), pp. 430-52.

W. Beierwaltes, *Hegel und Plotin*, «Rev. Intern. Philos.», XXIV (1970.). pp. 348-57.

W. Beierwaltes, *Schelling und Plotin, in Platone e il Neoplatonismo in Oriente e in Occidente*, Roma 1974, pp. 605-18.

V. Cilento, *Presenza di Plotino nel mondo moderno*, ivi, pp. 13-30 (*Saggi su P.*, pp. 315-33).

E. Garin, *Plotino nel Rinascimento*, ivi, pp. 537-51.

A. Guzzo, *Plotino in Bruno e Spinoza*, ivi, pp. 555-96.

F. Rosenthal, *Plotinus in Islam: the Power of Anonymity*, ivi, pp. 437-46.

I. Gobry, *Dieu est volonté. Récherches sur l'influence exercée par Plotin sur l'école reflexive française en ce qui concerne la théorie de la liberté divine*, «Diotima», IV (1976), pp. 115-25.

R. Witt, *Platonism after Plotinus*, ix,i, pp. 87-97.

H.M. Baumgartner, *Die Bestimmung des Absoluten. Ein Strukturvergleich der Reflexionformen bei J. G. Fichte und Plotin*, «Zeitschr. f. Philos. Forschung», XXXIV (1980), pp. 321-42.

IX. RESENHAS BIBLIOGRÁFICAS, HISTÓRIA DA CRÍTICA PLOTINIANA

Bulletin critique des études plotiniennes, por P. Henry, «Nouvelle Revue Théologique», LIX (1932), pp. 707-735, 785-803, 906-25.

A. Mansion, *Travaux sur l'oeuvre et la philosophie de Plotin*, «Rev. Néoscol.», XLII (1939), pp. 229-51.

C. Rutten, *Chronique bibliographique. Plotin et le Néoplatonisme*. I, Plotin, «Association des Classiques de l'Université de Liège – Bulletin Semestriel», IX (1961), pp. 83-97.

A. Bonetti, *Studi intorno alla filosofia di Plotino*, «Riv. Filos. Neoscolast.», LXIII (1971), pp. 487-511.

B. Mariën, *Bibliografia critica degli studi plotiniani*, in Plotino, *Enneadi*, III, 2 (trad. it. V. Cilento), 1973², pp. 399-622, M. Di Pasquale Barbanti, *Venticinque anni di studi plotiniani in Italia*, «Teoresi», XXIX (1974), pp. 275-306.

V. Verra, *Il neoplatonismo*, in *Questioni di storia della storiografia filosofica. Dalle origini all'Ottocentto,* I: *Dai presocratici a Occam*, a cura di V. Mathieu, Brescia 1975, pp. 399-444.

BIBLIOGRAFIA

ACTUALIZAÇÃO BLIOGRAFICA, 1989

Edições parciais:

Plotin, *Traité sur les nombres (Enn. VI, 6, [34])*. Introdução, tradução e notas de J. Bertier, Paris 1980.

Traduções parciais comentadas:

Plotin, *Ueber Ewigkeit und Zeit (Enn. III, 7)*, tradução, introdução e notas de M. Beierwaltes, Frankurt a. M. 1967, 1981[3].
Plotinus, *Ennead V, 1: On the three principal Hypostases*, tradução e notas de M. Atkinson, Oxford 1983.

Ensaios recentes:

H.G. Gadamer, *Denken als Erlösung: Plotin zwischen Platon und Augustinus*, in *Esistenza, Mito, Ermeneutica*, «Arch. di Filos.», 1980, e *Il pensiero come redenzione: Plotino tra Platone e Agostino*, in *Studi platonici*, II, Casale Monferrato 1984.
U. Bonanate, *Orme ed enigmi nella filosofia di Plotino*, Milão 1985.
Magris, *Invito al pensiero di Plotino*, Milão 1986.
W. Beierwaltes, *Plotins Erbe*, «Museum Helv.», XLV (1988), pp. 75-97.

ACTUALIZAÇÃO BIBLIOGRAFICA, 1990

Edições e traduções parciais:

Plotin, *Traité 38* (VI, 7). Introdução, tradução e notas de P. Hadot, Paris 1988.
Plotin, *Traité VI, 8: Sur la liberté et Ia volonté de l'Un*. Tradução de G. Leroux, Paris 1990.

Outros estudos sobre aspectos da filosofia de Plotino:

Plotinus amid Gnostics and Christians, (org.) D. T. Runia, Amsterdam 1984 (= *Plotins Symposium* 1984, con scritti di H. P. Boas, A. H. Armstrong, R. Ferwerda, Th. G. Sinnige).
A. C. Lloyd, *Plotinus on the genesis of Thought and Existence*, «Oxford Studies Ancient Philosophy», V (1987), pp. 155-86.
J. Bussanich, *The One and its Relation to Intellect in Plotinus*, Leiden 1988.
C. D'Ancona, *Determinazione e indeterminazione nel sovrasensibile secondo Plotino*, «Rivista di Storia della Filosofia», XLV (1990), pp. 437-74.

Traduções:

Le Enneadi di Plotino, (org.) M. Casaglia, C. Guidelli, A. Linguiti, F. Moriani; prefácio de F. Adorno, Utet, Torino 1997.

INTRODUÇÃO A PLOTINO

Edições ou traduções parciais comentadas:

Traité .50 (III, 5). Introdução, tradução e notas de H. Hadot, Paris 1990.
Les deux matières (Enn. II, 4 (12)). Introdução, tradução e notas de J.M. Narbonne, Paris 1993.
Plotino, *Enneade VI, 1-3 (Trattati 42-44, Sui generi del essere)*. Introdução, tradução e notas de M. Isnardi Parente, Nápoles 1994.
Traité 9 (VI, 9). Introdução, tradução e notas de H. Hadot, Paris 1994.
Plotino. Sul bello (Enn. I, 6). Introdução, tradução e notas de D. Susannetti, Pádua 1995.

Estudos sobre a filosofia de Plotino:

G. Gurtler, *Plotinus: the experience of Unity*, Berna 1989.
O. Brien, *Plotinus on the origin of matter: an exercise in the interpretation of the Enneads*, Nápoles 1991.
R.E. Aquila, *On Plotinus and the 'togetherness' of consciousness*, «Journal of the History of Philosophy», XXX (1992), pp. 7-32.
G. Verbeke, *Une anamnèse métaphysique chez Plotin, in Sophies maietores: «chercheurs de sagesse»*. Hommage à J. Pépin, (orgs.) M.O. Goulet-Cazé, G. Madec, D. O'Brien, Paris 1992.
E.M. Schröder, *Form und Transformation: a Study in tbe Philosophy of Plotinus*, Londres 1992.
J. Laurent, *Les fondements de la nature dans la pensée de Plotin: procession et participation*, Paris 1992.
P. Prini, *Plotino e la formazione dell'umanesimo interiore*, 3ª ed. revista, Milão 1992.
V. Verra, *Dialettica e filosofia in Plotino*, 2ª ed. revista e ampliada, Milão 1992.
D. O'Meara, *Plotinus. An Introduction to Enneads*, Oxford 1993.
M. Isnardi Parente, *Tematiche e problemi di Enneade VI, 1-3*, «Rendiconti Istituto Lombardo», CXXVII (1993), pp. 103-124.
R. Schicker, Plotin: *Metaphysik und Modalität*, Sankt Augustin 1993. L.P Gerson, *Plotinus*, Londres-Nova Iorque 1994.
J. Bussanich, *Non-discoursive Thought in Plotinus and Proclus*, «Documenti e studi sulla tradizione filosofica medievale», VIII (1997), pp. 190-210.
F. Ferrari, *Esistono forme di* $\chi\alpha\theta'\check{\epsilon}\chi\alpha\sigma\tau\alpha$? *Il problema del L'individualità in Plotino e nella tradizione platonica antica*, «Accademia Scienze Torino (Atti Scienze Morali», CXXXI (1997), pp. 23-63.
Porphyre. *La vie de Plotin*, I-II, par L. Brisson, M.O. Goulet-Cazé etc., pref. J. Pépin, Paris 1992 (com uma rica série de artigos sobre Plotino).

Índice

I. AS PREMISSAS
1. A Academia antiga e a interpretação de Platão 9
2. Doutrina das ideias e doutrina dos princípios 14
3. Os «sistemas» dos primeiros platónicos 22
4. As ideias como pensamentos de Deus 29

II. A «PREPARAÇÃO»
1. Monismo e dualismo na tradição platónica 39
2. Platonismo a aristotelismo na tradição platónica 44
3. O «sistema» de Numénio 51

III. PLOTINO: A ESCOLA E A OBRA
1. A escola de Plotino 61
2. A construção da obra de Plotino 69
3. As sucessivas fases dos escritos plotinianos 78

IV. O COSMOS INTELIGÍVEL
1. A teoria do Uno-Bem 91
2. O pensamento como ser primeiro.................................. 103
3. As ideias como forças 110

V. O COSMOS SENSÍVEL
1. A alma e o cosmos... 121
2. A potência demiúrgica 128
3. A matéria e o mal 135

VI. O HOMEM
1. A alma individual.. 145
2. A liberdade humana 152
3. O retorno da alma ao Uno-Bem 158

CRONOLOGIA DA VIDA DE PLOTINO 171

TABELA CRONOLÓGICA DOS ESCRITOS 173

HISTÓRIA DA CRÍTICA 175

BIBLIOGRAFIA 183